SUSIE SHELLENBERGER
y KATHY GOWLER

LO QUE
NO
TE DICE
TU
HIJA

UNA REVELADORA MIRADA
A LA REALIDAD SECRETA
de tu ADOLESCENTE

Unilit

Sepa

Publicado por
Unilit
Miami, FL 33172

© 2014 Editorial Unilit (Spanish translation)
Primera edición 2014

© 2007, 2013 por Susie Shellenberger y Kathy Gowler
Originalmente publicado en inglés con el título:
What Your Daughter Isn't Telling You por Susie Shellenberger y Kathy Gowler.
Publicado por Bethany House, una división de
Baker Publishing Group,
Grand Rapids, Michigan, 49516, U.S.A.
Todos los derechos reservados.

Traducción: *Juan Rojas*
Fotografía de la cubierta: © 2014, Glebstock / carlo dapino. Usada con permiso de www.shutterstock.com.

A menos que se indique lo contrario, el texto bíblico ha sido tomado de la Santa Biblia, *Nueva Versión Internacional* ®NVI®. Propiedad literaria © 1999 por Biblica, Inc. ™. Usado con permiso. Reservados todos los derechos mundialmente.
Las citas bíblicas señaladas con LBD se tomaron de la Santa Biblia, *La Biblia al Día.* © 1979 por la Sociedad Bíblica Internacional.
Usadas con permiso.

A las autoras las representan WordServe Literary Group.

Producto 495835
ISBN 0-7899-2103-0
ISBN 978-0-7899-2103-1

Impreso en Colombia
Printed in Colombia

Categoría: Vida cristiana /Relaciones /Crianza de los hijos
Category: *Christian Living /Relationships /Parenting*

A mi preciosa nietecita
Braelyn

Tú eres gozo y bendición en nuestra familia.
Ansío verter en tu vida a medida que creces,
y le doy gracias a Dios por el don de tu vida.

Kathy

Contenido

Introducción

Conocimos a Augie ya avanzada la tarde de un día de verano. Con solo algunas semanas de nacido, había aprendido a desplazarse por el césped, a alejarse bastante de sus padres y a sentirse más seguro cada día en el nuevo mundo enorme que tenía por delante. Tomábamos fotos para una revista de chicas y se necesitaba un chivo pequeñito. Augie era perfecto. Adorable, amistoso, tan mimoso como lo puede ser un chivito... y al instante se apoderó de nuestros corazones.

Cuando su dueño se le acercó llamándolo, la tambaleante criatura de cuatro patas corrió con entusiasmo hacia la voz que ya consideraba amistosa, hacia la persona que cuidaba y alimentaba a todos los chivos y caballos en el potrero.

Nos cautivó.

Su balido era una clara respuesta a la voz que conocía. Cuando corría a encontrarnos, su madre siguió comiendo hierba, ajena a nosotros y hacia donde se dirigía su hijito. La hierba era alta y dulce. Conocía la voz que llamaba a su hijo y se sentía segura.

Augie no tardó mucho en notar que su amo no estaba solo, había seis más de nosotros en la pradera ese día. Aunque se sentía confiado en su recién hallada independencia alrededor de su amo, comenzó a inquietarse un tanto en cuanto a los extraños. Nos permitió que lo acariciáramos y lo abrazáramos, pero no faltó mucho para que comenzara a ponerse nervioso e inquieto.

Se notaba que estaba nervioso y asustado, y comenzó a clamar por su red de seguridad: su *mamá*.

Lo que sucedió a continuación fue precioso.

Aunque estaba disfrutando del delicioso pasto y el tranquilo césped, en el instante en que la madre cabra oyó balar a su hijo, levantó la cabeza y echó a *correr* hacia donde estábamos, hasta su pequeñín que la llamaba.

No se puso a analizar la situación de peligro; corrió en seguida. Su instinto de madre le decía que su Augie la necesitaba y corrió a rescatarlo.

Qué hermoso fue aquello para mí. ¡Hasta los animales necesitan a su mamá! Y lo que es más bello aun, nuestro Creador les dio a las madres de animales el instinto de cuidar a sus crías, de protegerlas y de saber la diferencia entre un balido juguetón y un balido suplicante: «¡Socorro! ¡Te necesito, mamá!».

Mientras Daisy corría hacia su pequeño ese día, hallamos interesante que Augie no corrió hacia ella; le bastaba saber que ella estaba allí. No estaba en peligro, pero se había asustado y necesitaba tener la seguridad de que su madre, la que lo protegía, estaba cerca.

Nuestra experiencia en la pradera esa tarde de agosto me recordó de nuevo la importancia de las madres. Nuestros hijos dependen de nosotras: nos *necesitan*.

Cuentan con nosotras para enseñarlos, protegerlos y cuidar de su bienestar en un mundo grande y temible.

Por supuesto que no podemos andar siempre con nuestras hijas de arriba para abajo ni estar a su lado cada minuto de cada día. Ellas necesitan aprender a andar, hablar y desenvolverse en el mundo por su cuenta. No queremos que anden pegadas a nosotras toda la vida. El avance natural del proceso de ir soltándolas comienza el día en que las dejamos con una niñera.

Así tiene que ser; de otra manera, van a estar impedidas de por vida y van a depender de nosotras para todo. Nuestras hijas deben aprender a ir soltándose de nosotras y actuar por su cuenta.

No obstante, hay que prepararlas para ese día.

Para eso están los padres.

REALIDAD

En un mundo perfecto, las madres no tendrían otras cosas en la mente que lo que está sucediendo con sus hijos. La verdad es que en la cultura moderna hay muchas madres que trabajan fuera del hogar, sirviendo de taxistas, presidiendo comités, haciendo malabares con todo lo que tienen que hacer en el día. Al final de un día ajetreado, apenas pueden servir la comida, poner a lavar la ropa y asegurarse de que se hagan las tareas.

A través de nuestros eventos de CLOSER, y por trabajar con madres y chicas adolescentes alrededor del mundo, recibimos miles de mensajes electrónicos y cartas todos los meses de chicas adolescentes desesperadas por hablar con alguien sobre lo que tienen en la mente.

Hacen preguntas que les da pena hacérselas a sus madres, así que nos preguntamos: ¿Por qué no les preguntan a sus madres?

A veces las preguntas son simples como: «¿Qué es un sostén de entrenamiento?» o «¿Cómo se usa un tampón?» o «Si uso un tampón, ¿sigo siendo virgen?».

Nos sentimos agradecidas de que estas adolescentes sientan que *pueden* preguntarnos cualquier cosa y recibir una respuesta sincera.

Sin embargo, ¿no sería maravilloso que pudieran llevarles sus más íntimas preguntas a quienes las aman más que nadie en el mundo, sus madres?

¿POR QUÉ NO LO HACEN?

Muchas chicas piensan que no pueden hablar con sus madres sobre ciertas cosas. Temen que se les van a reír, las van a sermonear o avergonzar por sus curiosidades, así que se dirigen a otras personas para hallar las respuestas que buscan.

Lo que sigue en este libro son preguntas y comentarios de muchachas adolescentes que no podían acudir a sus madres por alguna razón. En lugar de eso, decidieron preguntarnos a nosotras, personas detrás de las páginas de una revista, que saben que les dirán la verdad... directa.

Nada de rodeos

Nos escriben porque se sienten seguras escribiéndonos.

Ninguna pregunta es demasiado absurda ni embarazosa.

Nadie se va a reír de ellas.

Saben que van a escuchar la verdad simple y llanamente... envuelta en amor.

Si tienes una hija adolescente, es muy probable de que tenga las mismas preguntas. Quizá te las hiciera a ti, quizá a una amiga o tal vez nos escribiera a nosotras.

Cualquiera que sea el caso, hay preguntas que se hacen las adolescentes, cosas que se mueren por contárselas a alguien en quien puedan confiar.

Estas son las cosas que no te dice tu hija.

1

Por qué las chicas necesitan mamás

Dios hizo diferentes a los hombres y a las mujeres a propósito. Ambos eran esenciales para una familia saludable. Creó al hombre para que fuera el protector y proveedor de la familia. Creó al hombre para que procesara sus decisiones con lógica.

A la mujer, que Dios creó para que tuviera hijos, la hizo emotiva.

Es «el corazón» del hogar.

La que cría.

La que cuida.

Las madres dan la vida y son dadoras de vida para sus hijos.

Son las que se levantan en medio de la noche para tomarle la temperatura al niño que tiene fiebre; cualquier gemido o lloriqueo penetra en su sueño más profundo.

Están creadas con antenas que destellan a la primera señal de peligro o dolor en la vida de sus hijos... por designio de Dios.

El progenitor del mismo sexo es la persona que más influye en la vida de un niño. Aunque las madres son las primeras en apegarse a sus hijos aun desde antes del parto, los varones se inclinan más hacia sus padres y tratan de ser como ellos. Las niñas, por otro lado, imitan a las mamás. Toman en brazos sus muñecas y les cantan porque eso es lo que hacen las mamás. La mamá es modelo para su hija de lo que significa ser mujer. La hija aprende de su mamá cómo amar y criar una familia, cómo respetar a su esposo y atender su casa, cómo ver su papel en la sociedad y encontrar el propósito dado por Dios. Sin estos dos modelos de conducta tan diferentes que le brindan estabilidad al hogar, es fácil que los niños se confundan en cuestiones de género y sexualidad. Por *designio de Dios*, fueron creados hombre y mujer, ambos esenciales para la crianza de hijos sanos y bien establecidos.

Las relaciones madre-hija pueden ser maravillosas *y* repletas de tensión y grandes emociones. Las dos se aman de manera entrañable, pero también habrá días en que no van a llevarse muy bien.

¿Sabes algo? ¡Eso es *normal!* ¡Las dos nacieron preparadas para ser criaturas emotivas y expresivas! Y añádele a todo eso la mezcla de hormonas de adolescente en ebullición y de madres de mediana edad, y tendrás los componentes necesarios para un altercado cargado de emoción tras otro.

A las madres se les culpa de cada disfunción que se nota en la vida de sus hijos. ¿Por qué? Si no te ajustas socialmente, es por culpa de tu madre. Quizá te mantuviera apartada de los demás cuando eras pequeña y no aprendiste a socializar con tus compañeras.

Si eres propensa a meterte en problemas por portarte mal en clases o a replicarles a los adultos, de seguro que tu madre no te educó y disciplinó para que te comportaras como es debido.

Las madres representan un papel decisivo en el desarrollo emocional y psicológico de sus hijos. El apego a nuestra madre, o la falta de apego, produce un impacto directo en nuestra vida y en nuestra estabilidad emocional. Son las relaciones con nuestra madre, la que más nos cuida en nuestros primeros años, lo que afecta nuestra autoestima y cómo nos sentimos en nuestras relaciones con los demás al ir madurando.

Cuando todo el mundo nos decepciona, necesitamos a *alguien* que esté con nosotros y nos anime y nos recoja si caemos; alguien a quien podamos acudir con nuestros problemas y nuestras preguntas, y que nos pueda amar a pesar de todo. ¿No sería maravilloso que esa persona fuera nuestra mamá?

DIOS ESCOGIÓ CON SUMO CUIDADO A LA MADRE DE SU HIJO

Tan importante es el papel de las madres que Dios escogió muy bien a la mujer que daría a luz y criaría a su Hijo. Las Escrituras nos dicen que María no fue la favorecida por su belleza física ni por su coeficiente intelectual, sino porque fue una sierva dispuesta, a la orden de Dios. (Lee Lucas 1:26-38).

Dios la seleccionó por su corazón, su fortaleza y su deseo de servirlo.

Dios sabía que tendría que ser una mujer extraordinaria, alguien capaz de soportar los rumores y las muestras de sorpresa por ser una adolescente embarazada.

Sabía que tendría que ser lo suficiente fuerte para soportar todo lo que Jesús enfrentaría durante su corta vida.

Sabía que tendría que confiar en Él en cuanto al futuro del hijo, no sabiendo adónde iría a parar todo.

Tendría que ser alguien con suficiente ternura para cantarle canciones de cuna al Rey de reyes (secar sus lágrimas y curar los rasguños de sus rodillas), y a la vez ser lo suficiente fuerte para verlo sufrir y morir por ser lo que era, el Mesías. Sí, Dios el Padre sabía muy bien qué tipo de madre necesitaba su Hijo para que le enseñara sobre la vida y lo preparara para morir. Este Hijo sería diferente de sus otros hijos, pero Él necesitaba que lo trataran como a los demás. Por supuesto que haría falta una mujer extraordinaria.

Dios también escogió a una mujer extraordinaria para criar a tu hija. Le dio a tu hija la madre que necesitaba: tú.

VOLVAMOS A LO BÁSICO

De vez en cuando, es importante darle una buena mirada a nuestra vida y ver cómo nos va con la crianza de nuestros hijos. Las agendas recargadas deben ajustarse, las prioridades deben reordenarse y nuestro papel de protectora y educadora debe colocarse bien en el tótem de nuestra vida.

Todos sabemos lo importante que es para los hijos pequeños que estén con sus madres durante los años de formación. Lo cierto es que la necesidad no cambia cuando son mayores. Es más, las adolescentes ahora necesitan a sus madres más que nunca.

Las están bombardeando con cuestiones culturales y presión de sus compañeras de las que sus padres a menudo ni se percatan. Viven en un mundo muy diferente del mundo en que te tocó vivir en tu adolescencia.

Están confundidas en varias cosas, desde cuestiones de género hasta lo que sus padres, sus maestros y sus amigos esperan de ellas. Tienen preguntas que necesitan respuestas sinceras, pero quizá no sepan cómo formularlas.

¿En quién puedo confiar?

¿Y si mi maestro es homosexual?

¿Será segura mi escuela hoy?

¿Destruirán mi mundo los terroristas?

¿Qué pasará si me violan al salir con alguien?

¿Llegaré a la adultez?

¿Qué debo hacer si mi amigo tiene tendencias suicidas?

Las adolescentes tienen temores bien diferentes de los que tuvieron que enfrentar sus padres cuando crecían. Ahora, más que nunca, nuestras chicas necesitan a alguien a quien puedan acudir con sus preguntas sin que se rían de ellas, le resten importancia al asunto o no les hagan caso. Muchas nos dicen que no tienen a nadie con quien puedan hablar sobre las cosas que les preocupan.

Lo irónico es que ese es el momento en que dejan de hablar de sus problemas y apartan de sus vidas a los adultos, sintiendo que no le interesan a nadie y que, de todas formas, no las entienden.

Las chicas que antes le contaban todo a la madre ahora se encierran en sus habitaciones, sin querer hablar más de lo que tienen en la mente.

¿Qué interrumpió la comunicación que antes fluía tan bien?

¿Por qué tantas adolescentes les escriben a personas casi extrañas sobre sus pensamientos y sentimientos más íntimos en vez de hablar con sus madres?

He aquí lo que nos dicen...

 Siento como si se estuviera desbaratando mi vida entera. No puedo hacer feliz a mi madre. Todo lo que hago la molesta. Trato de disculparme, pero no me toma en serio. Lo único que deseo es llorar y llorar y llorar.

 Quiero acercarme a mi mamá, pero no tengo mucho dinero. ¿Se le ocurre algo que no cueste mucho?

 Mi familia es grande, así que no paso mucho tiempo a solas con mi madre. Quiero acercármele, ¿pero cómo puedo hacerlo con tanta gente en casa? Reconozco que no siempre he sido obediente, pero quiero que todo cambie. Quiero que seamos más unidas.

 Cada vez que trato de hablar con mi mamá o mi papá sobre asuntos personales, se ponen como locos. Quisiera poder contarles mis problemas, pero necesito que mantengan la calma cuando les diga algo. Debido a la forma en que reaccionan, me es mucho más fácil no hablar con ellos de nada. ¿Puede ayudarme?

2

«¿Por qué no conversa conmigo?»

Muchas madres sienten como si sus hijas adolescentes se encerraran en sí mismas, y no entienden por qué. La niñita que antes les contaba todas las cosas, ahora es una joven callada y distante. Las relaciones que solían ser estrechas, ahora son tensas.

A veces es una etapa normal por la que pasa la adolescente: la de separarse de sus madres para buscar su propia identidad. Eso es muy normal. Quieren cierta privacidad y a veces necesitan barajar solas sus propios asuntos.

Otras veces, sin embargo, las líneas de comunicación se han roto y la hija adolescente se da por vencida y deja de hablar con la madre de sus asuntos personales.

Es inevitable que se produzca alguna tensión de la madre y la hija en medio de la transición de niña a mujer. Las hormonas se disparan y las emociones son altas.

¿Cuál es la diferencia entre una tensión en las relaciones de madre-hija y una completa ruptura en la comunicación? ¿Qué hace que una adolescente de pronto deje de hablar con su madre?

Dejemos que algunas de ellas te lo digan...

 Pues bien, este es el asunto: mamá y yo nunca estamos de acuerdo en nada. Me encantaría conversar con ella de todo, como sobre las cosas que me pregunto, las luchas que enfrento, mis relaciones. Quiero que entienda mis puntos de vista. Y quiero conocer los suyos, ¡de veras que sí! Anhelo que tengamos unas buenas relaciones madre-hija, como las tienen algunas de mis amigas. Ni me imagino lo lindo que sería sentirme cerca de mi mamá. ¿Pueden decirme cómo lograrlo?

 Soy la mayor entre mis hermanos, y tengo doce años. Antes, mi mamá y yo pasábamos mucho tiempo juntas... antes de que naciera mi tercera hermana. Leíamos juntas, nos sentábamos en el sofá y nos acurrucábamos y conversábamos. Sin embargo, ya no lo hacemos. Me sentía muy bien cuando pasaba tiempo conmigo. Ahora ni siquiera me parece que me ama. Quisiera que las cosas volvieran a ser como antes. ¿Es posible?

 No le iba a decir nada a mi madre porque sabía lo mucho que le dolería. Aun así, ella sabía que algo me estaba pasando. Durante todo un mes estuvo presionándome para que me franqueara con ella. Le confesé que temía que me fuera a dejar de amar cuando supiera lo que me pasaba. Soltó una carcajada y me dijo que eso era imposible.

Así que se lo dije.

Soy lesbiana y tengo una novia.

Tal como lo temía, comenzó a llorar. Ojalá que nunca le hubiera dicho la verdad. Está muy distanciada de mí. Antes éramos bien unidas. Extraño a la que era mi madre. Quiero que volvamos a tener aquella unión, pero no sé cómo lograrlo.

Sí, estoy muy enojada con mi padre y con mi madre. Me lo planeaban todo en la vida, aun a qué universidad iba a ir. Mi vida es mía, ¡y ni siquiera me preguntan lo que pienso!

 Cada vez que empiezo a franquearme con mi madre, me pongo nerviosa y me asusto. Le he mentido y quiero aclararlo todo y arreglarme con ella. También tengo que decirle que tengo novio. En cambio, parece que no nos entendemos. ¿Qué hago para que eso cambie entre nosotras?

 Estoy CANSADA. Estoy cansada de mi hermana, de mi madre y de la vida en general. Mamá no me escucha cuando trato de hablarle. Yo comienzo, pero ella cambia mi tema al suyo. Debido a eso, he dejado de hablar con ella. Claro, esto es egoísta, ¡pero necesito que mamá me escuche a MÍ y entienda MIS problemas!

 Amo a mi novio; de veras que sí. Y cada vez que mi madre se enoja conmigo, me amenaza con separarnos. Eso me dice que no puedo hablar con ella. ¿Por qué lo utiliza en contra de mí para que yo haga lo que ella quiere? Me siento manipulada. También pienso que estoy deprimida. Estoy a un paso de la anorexia. Me siento a comer delante de mi familia, pero nunca como mucho. Leyeron mi diario, así que se enteraron que estoy luchando con la anorexia... y de nuevo me amenazaron con separarme de mi novio si no como un poco más.

¡Cuánto me gustaría tener a alguien con quien conversar! Después de mi última pelea con mamá, comencé a herirme. Me siento muy sola.

Estas preciosas chicas tienen dos cosas en común: Se sienten vacías y solas en sus relaciones con sus madres, y quieren mejores relaciones con ellas, pero se sienten atadas y no saben cómo arreglarlo todo.

La soledad es un lugar peligroso para estas chicas, cualesquiera que sean los motivos.

Si una chica cree que no puede hablar con la madre sobre lo que siente sin que se ría de ella o no le haga caso, buscará a alguien con quien hablar o, lo que es más peligroso, alguna otra forma de lidiar con su dolor.

Para algunas, esto se convierte en un trastorno alimenticio: cuando el resto de su vida parece escapárseles de entre las manos, controlan lo único que pueden controlar: lo que meten o no meten en su cuerpo.

Otras se van al internet a entablar relaciones y hallan extraños que les muestran interés y no las juzgan. Siempre hay alguien en línea para escuchar, consolar y hacer que una chica solitaria se sienta amada.

Demasiadas adolescentes se entregan al primer hombre que encuentran en el camino, solo porque anhelan sentirse atendidas y aceptadas.

No estamos diciendo que todas las jóvenes que se enredan en este tipo de conducta lo hacen por culpa de sus madres. Hay muchas mujeres de Dios que sufren y oran a diario por hijas que quizá tengan relaciones o conductas dañinas. Hay multitud de razones para que una adolescente tome decisiones poco saludables.

¡Anótalo! Si estás poniendo oídos sordos o recriminatorios cuando tu hija trata de hablarte, podría sentirse rechazada y buscar en otra parte el apoyo que anda buscando. Las adolescentes están en un momento de su vida emotivo y turbulento. Demasiado a menudo los adultos hacen caso omiso cuando una adolescente está en una situación descorazonadora y de vida o muerte. Necesitan con desesperación que alguien escuche sus a veces no tan obvios clamores.

 Amo mucho a mi madre, pero es bien difícil hablarle acerca de cosas de muchachas. He tratado de pedirle consejo sobre maquillaje y salidas con muchachos, pero me mira como si no fuera importante. Me duele cuando se ríe de mis preguntas. Daría cualquier cosa por tener a alguien que me dé un buen consejo, y que me ame a pesar de que tenga muchas preguntas.

 Soy la única muchacha en mi familia, y también soy la hija mayor. Parece que mi mamá y yo no podemos llevarnos bien. De alguna manera siempre terminamos en una pelea. He tratado de pedirle consejo a mi papá, pero ni siquiera me escucha.

Empecé a escribirle notas a mi mamá. Hasta le pedí perdón. Sin embargo, cuando le digo que la quiero, solo me dice: «¿De veras?», y después se aleja. ¡No sé qué más puedo hacer!

¿QUÉ TIPO DE MADRE ERES?

En el ajetreo de la vida, pudieras pensar que estás en buena sintonía con tu hija, ¿pero es cierto? Te sorprenderá descubrir que desde su perspectiva no tienes ni idea de lo que le está pasando en la vida.

¿Cómo puedes saber si estás haciendo bastante bien tu tarea de darle acceso a ti? Comienza haciéndote las siguientes preguntas:

Cuando tu hija te habla, ¿de veras la escuchas o estás distraída?

Dios les dio a las madres la sorprendente capacidad de hacer diez cosas al mismo tiempo. Tú puedes estar cocinando, dándole comida al perro, planchando una blusa y haciendo una lista mental para ir al mercado... todo a la vez que tu hija te está diciendo que está teniendo un día horrible en la escuela.

Hazte el propósito de dejar lo que estás haciendo y mirarla a los ojos cuando te está hablando. Déjale ver que la estás escuchando. Dale toda tu atención. Si parece que estás distraída, se sentirá como si le estuviera hablando a un palo. Sintonízala mientras te está hablando. Déjale saber que lo que es importante para ella es importante para ti.

¿Puede tu hija confiar en ti?

 ¿Sabes por qué ya no hablo con mi mamá? ¡Porque va directo a sus amistades de la iglesia y les cuenta todo lo que le dije!

Madre, tu hija necesita un lugar seguro donde abrir el corazón. Es una bendición que se sienta cómoda haciéndolo contigo. Si se viola esa confianza, el daño puede ser irreparable. Esa confianza es sagrada y digna de protección.

Por supuesto, no basta *decir* que puede hablarte de cualquier cosa. Tienes que *demostrarle* a tu hija que eres una tumba en cuanto a sus sentimientos más íntimos. Si alguna vez fallaste en esto, sabrás que lleva meses reconstruir esa confianza.

Las chicas vulnerables no volverán a abrir la boca si descubren que has andado revelando lo que te dijo en secreto. Cuídate de no traicionar su confianza si te dice algo muy personal.

¿Recuerdas cuando tenías su edad? A las jóvenes no les es fácil hablar de sus cosas íntimas con sus padres, y pueden sentir vergüenza. Toma todas las precauciones para proteger sus secretos. De eso depende que tu hija se franquee más contigo o que cierre la puerta de la comunicación.

¿Cómo te va?

Concédete un momento para reflexionar en el nivel de comunicación que tienes con tu hija. Es probable que toda la culpa no sea suya si hay estrés entre ustedes. Sé sincera.

• Aliento a mi hija para que me pregunte lo que sea, y ella sabe que le daré respuestas sinceras.

❑ Verdadero   ❑ Falso

- Mi hija sabe que puede confiar en mí y no vacila en contarme asuntos personales.

  ❑ Verdadero   ❑ Falso

- Esta es una debilidad que tengo. A veces les cuento cosas a otros que ella me dijo en confianza.

  ❑ Verdadero   ❑ Falso

- En nuestra familia no hay secretos entre nosotros. Ella debe saber que cualquier cosa que me diga se la contaré a su papá.

  ❑ Verdadero   ❑ Falso

¡Es probable que la mejor manera de averiguar cómo te van las cosas en el campo de la confiabilidad sea preguntándole a tu hija! Y cuando lo hagas, propicia su sinceridad. Te dirá si eres un lugar seguro para ella.

DILE QUE SIEMPRE ESTÁS A SU DISPOSICIÓN

Para desarrollar o mantener abiertas las comunicaciones con tu hija:

- Asegúrale que ninguna pregunta es vergonzosa, ni está fuera de lugar, ni es sucia. Ella necesita a alguien a quien pueda preguntarle y de quien pueda recibir respuestas sinceras. Dile que estás a su disposición y que quieres ser esa persona.

- No des por sentado que ella sabe que tú le pides sus preguntas si no se lo has dicho. Deja en claro que puede acercarse a ti con cualquier cosa en cualquier momento.

- Asegúrate de que sepa que sin importar quién le falló o no parece interesarse en algo, tú siempre estarás a su lado. Siempre podrá acudir a ti por ayuda, orientación o solo un regazo donde apoyar la cabeza y llorar si lo necesita.

LO QUE **NO** TE DICE TU HIJA

Tú eres la única madre que tiene tu hija, y ella necesita que seas esa persona en su vida.

¿Qué te describe?

A. *Mi hija sabe que yo soy su mayor animadora y que siempre puede contar conmigo.*

B. *Quiero ser una madre accesible y necesito cambiar algunas cosas para asegurarme de que mi hija sepa que estoy a su disposición.*

C. *Estoy demasiado ocupada y no tengo tiempo para ser su niñera. Ya ella es una adolescente y debe ser más responsable en sus cosas y resolver sus problemas.*

Es fácil dar por sentado que nuestras hijas saben las cosas que no les hemos dicho. Procura que tu hija sepa que estás a su entera disposición. Si no te vas a sentir bien diciéndoselo verbalmente, escríbele una carta y déjasela sobre la almohada, o envíale un correo electrónico diciéndole lo que sientes.

Repito, mientras más le digas que te importan las circunstancias que está atravesando, más fácil le será franquearse y hablar contigo. Puede ser difícil al principio, pero se volverá más sencillo, ¡y valdrá la pena la recompensa por todo el esfuerzo!

3

Las acciones resuenan más que las palabras: Lo que puede significar su silencio en realidad

Es posible que tu hija haya dejado de hablarte, pero que su conducta te grite *¡algo anda mal!* Es posible que esté desesperada por querer decírtelo, pero no sabe cómo, y por eso actúa de esa manera.

Ante este comportamiento, es fácil reaccionar de forma exagerada o no tenerlo en cuenta por completo, dejando a un lado los motivos. Cuídate de no pasar por alto las obvias señales de peligro.

Es importante prestarles atención a los cambios de conducta y escuchar con atención lo que tu hija está tratando de comunicarte sin palabras. Hay muchos motivos por los que callan las adolescentes, sobre todo si sienten que a nadie le importa su dolor. A veces las presiones son más de lo que pueden sobrellevar, y los padres deben tomarlo en serio.

«ESTOY DEPRIMIDA»

 Me siento destrozada y solo tengo trece años. Nunca me siento feliz, y siempre estoy llorando, aun por la noche. Soy parte del equipo de nadadores y me encanta nadar. Sin embargo, este año hay que pagar más para participar, y no tengo dinero. Me duele mucho no estar con mis amigos del equipo. ¡Les echo mucho de menos! La natación me ayudaba a mantenerme en forma. Ahora me siento gorda y como que ya no estoy en forma.

 Mi vida es un desastre. Papá perdió el trabajo. Mamá tuvo que salir a trabajar. Es muy probable que tengamos que abandonar la casa en que vivimos, y mis hermanos son pesados conmigo. Mamá y yo estamos peleando siempre. ¡Quisiera morirme ahora mismo! Mi familia no tiene dinero, y yo solo tengo un par de amigas. Si así va a ser la vida, no quiero seguir viviendo.

 He pensado en el suicidio en el último año. Oro, pero no me parece escuchar a Dios. Tampoco puedo sentirlo. Estoy tratando de seguir al Señor, pero es cierto que cuesta trabajo cuando una está deprimida. ¿Está de veras aquí?

 ¡Cielos! ¡Mi vida está descontrolada por completo! Nadie me entiende... mucho menos mi familia. Me gritan todos los días, y por eso lloro mucho. He tenido problemas estomacales y dolores de cabeza, y estoy comenzando a preguntarme si de veras Dios tiene un plan con mi vida.

 Detesto la vida, y detesto la mía. Haga lo que haga, no es lo bastante bueno para mis padres. Regresan a la casa cansados del trabajo, y siempre llegan de mal humor. Estoy pensando escaparme de casa. Si a mis padres no les gusta ser padres, ¿por qué tuvieron hijos?

Las muchachas de hoy viven en un mundo loco, lleno de presiones y, debido a eso, la depresión se ha convertido en casi una epidemia. Si tu hija dice que se siente deprimida, tómalo en serio y ayúdala a llegar al fondo del problema.

Esto es lo que el Centro Nacional para la Prevención de la Violencia Juvenil [NYVPRC, por sus siglas en inglés] nos dice sobre la depresión en los adolescentes: «La depresión puede conducir a poca asistencia, malas calificaciones y escapadas de la escuela, así como sensaciones de indignidad y desesperanza. Algunos adolescentes tratan de disipar el dolor de la depresión bebiendo o usando drogas, lo cual empeora la depresión. Mientras que otros consideran el suicidio»[1].

Hay una diferencia entre estar «deprimida» porque no la sacaron a bailar y estar *deprimida* de manera física y clínica. ¿Cómo se nota la diferencia? Examina estos síntomas:

Síntomas de depresión clínica

• Tristeza o irritabilidad

• Pérdida de interés en actividades que antes disfrutaba

• Cambios en el apetito o en el peso

• Dificultad para dormir o dormir demasiado con regularidad

• Pérdida de energía

• Sentimientos de indignidad o de culpabilidad

• Dificultad para concentrarse

• Pensamientos frecuentes en cuanto a la muerte o el suicidio

Otras señales a tener en cuenta

• Frecuentes dolores de cabeza, dolores musculares y estomacales, o cansancios sin una causa médica

• Frecuentes ausencias a la escuela o malas calificaciones

• Conversaciones acerca de huir de la casa o intentos por hacerlo

- Aburrimiento, mal humor
- Falta de interés en pasar tiempo con los amigos o la familia
- Abuso de la bebida o de las drogas
- Aislamiento social o mala comunicación
- Temor a la muerte
- Sensibilidad extrema ante los rechazos o los fallos
- Creciente irritabilidad, enojo, hostilidad o llanto
- Comportamiento imprudente
- Descuido al vestirse o en su apariencia
- Dificultad con sus relaciones
- Cambios de humor[2]

Según la NYVPRC: «Es del todo normal sentirse deprimido alguna vez, o sentirse triste por un tiempo después que suceda algo [...] La mayoría de los adolescentes experimenta algunos de estos síntomas de vez en cuando»[3].

No obstante, si tu hija tiene varios de estos síntomas por más de unas pocas semanas, quizá tenga una depresión clínica y necesite atención profesional. Es importante saber que la depresión no es señal de debilidad, sino una enfermedad que puede recibir tratamiento médico.

Estos síntomas pueden también indicar que existen otros problemas como los trastornos alimenticios o desequilibrios químicos. Ten presente que tal vez sea necesario acudir a algún consejero cristiano profesional.

¿Cuán común es la depresión en los adolescentes?

La NYVPRC afirma que «uno de cada doce adolescentes cae en alguna depresión severa. Se estima que en cualquier período de seis meses, alrededor del cinco por ciento de los muchachos entre nueve a diecisiete años de edad sufre de alguna depresión fuerte»[4].

«ME SIENTO SOLA»

 Me siento como prisionera en mi propia casa. He recibido toda mi educación escolar en casa, y casi no tengo amigos. Nuestra iglesia es pequeña y está llena de ancianos, y vivimos en un pueblo bien pequeño. ¿Qué esperanza tengo?

 Me pregunto si existen padres más estrictos que los míos. No me dejan ir al cine ni estar en lugares donde haya adolescentes. La única iglesia que tiene un grupo de jóvenes está a treinta y dos kilómetros de nosotros. Mamá y papá dicen que está demasiado lejos para que asistamos a ella. ¿Qué puedo hacer? ¡Me siento como si me estuviera muriendo!

 Pertenezco a un grupo de escolarización en casa, pero yo soy la única adolescente. Me gustaría tener amigos de mi edad. Nuestra iglesia no tiene un grupo de jóvenes, así que voy a la Escuela Dominical con mis padres. He tratado de convencerlos de que nos busquemos una iglesia que tenga un grupo de jóvenes para que yo pueda tener amigos, pero me insisten en que debemos asistir a la misma iglesia, y que esa es la iglesia que escogieron. ¡Puf!

Estas jóvenes están desesperadas por conectarse con otros adolescentes. Aprender a interactuar con sus pares es vital para un desarrollo emocional saludable.

Cuando leemos correos electrónicos como estos, damos por sentado que los padres están tratando de hacer lo que es mejor para sus adolescentes, pero los protegen demasiado por temor. Tienen miedo de que las influencias externas dañen a sus hijos si no controlan por completo sus vidas.

La verdad es que cada vez que tu hija sale por la puerta del frente, *recibirá* la influencia de fuerzas que no puedes controlar.

Los padres tienen una enorme responsabilidad de proteger y preparar a sus hijos para que enfrenten esas influencias, y eso puede ser muy intimidante.

Mantener tan protegida a tu hija del mundo exterior que se vea privada de experiencias esenciales para aprender a interactuar en la sociedad y lidiar con la presión de sus pares puede hacerle más daño que bien.

De nuevo, recibimos incontables correos electrónicos y cartas de chicas de todo el mundo. Y, como puedes ver, muchas lidian con padres que quieren protegerlas demasiado. No obstante, si les preguntas a esos padres si estaban resguardando demasiado a esas adolescentes, lo más probable es que respondan con un no. Así que el problema no es solo que las protejan demasiado; muchas veces es que no comprenden ni están dispuestos a reconocer que les hacen daño con eso.

Por favor, no me malinterpretes. No hay duda de que nuestras adolescentes necesitan protección. Y esperamos que las estés protegiendo de influencias inmorales o malsanas. Aun así, permítenos repetírtelo. *Hay* momentos en los que, por miedo, ponen una capa protectora sobre sus hijas.

¿Cómo sabes si tu protección es excesiva? Responde a las siguientes preguntas marcando verdadero o falso.

___ 1. No se lleva bien con sus compañeros.

___ 2. No le he permitido pasar una noche en otra casa.

___ 3. No se siente a gusto con otros adolescentes.

___ 4. No le interesa nada fuera de casa.

___ 5. No le he dado permiso para participar en campamentos de una semana ni en viajes misioneros.

___ 6. Tiene dificultad con las relaciones sociales.

___ 7. No puede explicar el porqué de nuestras reglas.

Si respondiste «verdadero» a la mayoría de estas preguntas, ¿considerarías la posibilidad de que estás protegiendo demasiado a tu hija y que podrías darle un poquito más de libertad?

Y a *medida* que vas extendiendo poco a poco sus fronteras, pídele a Dios que te dé discernimiento para saber cuándo dar marcha atrás y cuándo soltar.

 Tuvimos que mudarnos a otro estado, y extraño a mis amistades de toda la vida. Me siento muy mal aquí. No me acostumbro a esta escuela, y sí, he tratado de entablar nuevas amistades. Nadie me presta atención. Y si lo hacen, me ven como rara.

Mamá dice que con el tiempo las cosas van a ir mejorando. ¡Necesito amigos ahora mismo! ¿Por qué no puede entender lo sola que me siento? Estoy desesperada. ¡Quisiera morirme!

Las mudanzas son traumáticas para las adolescentes. De repente se sienten desarraigadas de todo lo que les es conocido. La escuela y los amigos son la arteria vital para su supervivencia social. De repente, tener que comenzar de nuevo entre nuevas personas les puede ser aterrador y difícil.

Nuestra familia (habla Kathy) aprendió esto a las malas. La profesión de mi esposo en el lado corporativo del negocio de la construcción de viviendas puede implicar frecuentes mudanzas; nos vamos a donde florece el mercado. Hace varios años eso significó que nuestra familia tuvo que mudarse al otro extremo del país cuando nuestros hijos tenían once y catorce años de edad.

Nos habíamos mudado antes y no fue un gran problema. Sin embargo, esta vez fue una experiencia bien traumática para nuestro hijo que estaba en la escuela intermedia. En su antigua escuela fue un líder, tenía montones de amigos y participaba en todas las actividades de la iglesia y de la escuela.

En nuestra nueva ciudad, en cambio, todo era diferente. A los recién llegados nos era difícil penetrar en su cultura.

Cuando Matthew se presentó usando la camiseta de los Rockies de Colorado, lo empujaron contra su taquilla. Estaba en un territorio diferente, y esos estudiantes no eran fanáticos de los Rockies de Colorado.

Estando en octavo grado, le asignaron un asiento en la cafetería de la escuela debido a los problemas disciplinarios con los estudiantes. Para almorzar, tenía que sentarse con muchachos que no hubiera escogido como amigos y con los que no tenía nada en común. Eran el tipo de muchachos que les pedimos a nuestros hijos que evadieran.

Se sentía desdichado. Algunos días hasta llegaba a la casa bañado en lágrimas. Se sentía desesperadamente solo, y eso le causaba mucho dolor a toda la familia.

Mis llamadas telefónicas a la escuela para expresar mi preocupación caían en oídos sordos. Después de unos meses en que nada parecía mejorar, tuvimos que hacernos algunas preguntas duras de responder:

- ¿Qué estamos haciendo aquí?

- ¿Existe algún trabajo que merezca el tipo de dolor y la angustia que sufre nuestro hijo?

- Estamos a cientos de kilómetros de sus abuelos, sus amigos y de la iglesia en que participábamos. ¿Qué deseamos de veras para nuestros hijos en esta etapa de sus vidas?

En pocas palabras, después de mucha oración y examen de conciencia, mi esposo renunció a un trabajo que disfrutaba y que ofrecía un brillante futuro, cancelamos un compromiso que tenía con una casa que nos estaban construyendo, empaquetamos y regresamos a nuestra ciudad, a Colorado. Sin trabajo, sin casa, pero a sabiendas de que habíamos tomado una buena decisión como familia.

Para nosotros fue la mejor decisión. Comenzamos de nuevo.

No fue fácil, pero Dios bendijo nuestra fidelidad al hacer lo que era mejor para nuestros hijos y su bienestar.

Como resultado, Jeff comenzó su propio negocio y Dios lo ha bendecido. Yo empecé a trabajar con Enfoque a la Familia y he tenido sorprendentes oportunidades en el ministerio que me han llevado por todo el mundo en los últimos once años.

Matthew conoció y se casó con el amor de su vida, y ahora tiene un precioso bebé. Gracias a Dios, nuestra hija, Kelly (que es muy sociable), apenas se inmutó por todo el asunto. Para nosotros, regresar fue lo mejor que pudimos hacer.

Aunque estas mudadas familiares a veces son necesarias debido a traslados en el trabajo u otras circunstancias, es una decisión en que se necesita tomar en consideración a la familia entera, sobre todo a los adolescentes. Sus vidas dependen de tener amigos, de encajar en el grupo, de sentir que son parte de algo. Para ellos es una cuestión de supervivencia. Algunos aceptan las transiciones sin ningún problema, pero para otros puede ser devastador, con grandes repercusiones.

Hay otras razones por las que los adolescentes pueden sentirse solos, pero la peor sensación de soledad es la de estar en medio de una multitud de personas con la que uno no se siente conectado. ¿Puedes identificarte con esto? En lo físico estás allí, pero por dentro te sientes solo, como si nadie te notara ni le importara que estuvieras allí. El siguiente correo electrónico lo expresa muy bien...

 De acuerdo, he aquí el asunto. No quiero ir a ninguno de esos consejeros cursis. Reconozco que necesito conversar con alguien, pero temo que si le confieso lo que me está pasando, se va a reír de mí o se va a poner a darme consejos. ¿No debiera haber adultos confiables de todo tipo con los que puedan conversar los adolescentes? ¿Por qué no he podido hallar ninguno? Quisiera taaanto poder hablar con alguien sobre cómo me siento sin que me estuvieran juzgando.

«NO SIENTO QUE ME AMAN»

 Mamá dice que no tiene casi fuerzas para sacar la basura, pero me castiga con la mano. ¿Cómo tiene suficiente fuerza para pegarme pero no es capaz de levantar una bolsa de basura? Sí, ha estado bastante enferma en los dos últimos años, y cambió debido a eso. Ahora discutimos bastante. Me grita tan fuerte que me asusta. No sé si es que ya no me quiere. Siento como que me quiere solo para que trabaje en la casa y para que la cuide. ¿Esto es abuso?

 ¡Mi familia anda muy mal! Me pregunto por qué mis padres tuvieron hijos. ¡No parecen disfrutarnos! Siempre nos están mandando a hacer cosas y se quejan de lo mucho que les costamos. Nos mandan para el cuarto a menudo, y se pasan casi todo el tiempo peleando. Me gustaría huir de aquí, pero no sabría a dónde ir. Y también siento que tengo que estar aquí por mi hermanita y mi hermanito.

 Sé que ustedes me van a decir que soy demasiado joven para esto, tengo trece años, ¡pero me muero por tener un bebé! Quiero tener a alguien a quien amar y que me ame, y un bebé haría eso por mí.

Ya sea que se deba a descuido, rivalidades entre hermanos o solo falta de comunicación, el sentir uno que su propia familia no lo ama causa una sensación de soledad indescriptible. Si tus padres no te muestran amor, ¿qué remedio te queda sino buscarlo en otra parte?

Para muchas adolescentes esto significa correr a los brazos del primer tipo que les preste atención y les «prometa» amarlas. Lo triste es que muchas veces una chica como esta queda embarazada y sola cuando el que le brinda amor la deja por otra.

Amar y que lo amen a uno es una necesidad básica de los seres humanos. Algunas chicas, como la de trece años que quiere tener un bebé, hacen cualquier cosa por sentirse amadas. Es obvio que solo piensa en el anhelo que tiene que la necesiten y no tiene en cuenta las consecuencias de tener un hijo a tan corta edad.

En su mente joven, carente de experiencia, piensa que un bebé llenará el vacío que siente, hasta que muy tarde descubre que un bebé no es un perrito. No puede regalarlo cuando se canse de él. No se le ha ocurrido que a un bebé tiene que darle una atención constante, alimentarlo y ser bien responsable, aparte de lo que cuesta criar a un niño siendo una adolescente soltera.

¿Cómo jóvenes así llegan a tal punto de desesperación? Nos lo han dicho. Sienten que no le importan a nadie y que sus padres no las aman.

Es probable que si les preguntáramos a esos padres si aman a sus hijas, van a decir: «¡Por supuesto! ¡Ellas deben saberlo!». Sin embargo, de alguna manera al hacer malabares con su estrés y los problemas de la vida, recibieron el mensaje de que sus padres no las amaban o estaban demasiado ocupados para prestarles atención.

No podemos dar por sentado que una vez que nuestras hijas pasan las etapas de la infancia y la del preescolar pueden subsistir con un piloto automático y que sus necesidades emocionales están resueltas. Aun si tu familia tiene el más apretado de los presupuestos, puedes prodigarles la seguridad de saber que para ti son preciosas y que no hay palabras que puedan expresar cuánto las amas. Ese es un regalo que todos podemos dar, y es algo que nuestras hijas necesitan con urgencia.

«TENGO MIEDO»

Hay un muchacho en una de mis clases que siempre me está mirando los senos. Me dice cosas raras como: «Pareces una muchacha del campo y me encantan las muchachas del campo. Te voy a enseñar cómo montar a caballo». Me da miedo cada vez que tengo que ir a esa clase. *¿Qué puedo hacer para que me deje tranquila?*

Nadie entiende lo aterrada que estoy de ir a otra escuela el año que viene. Temo no encajar bien. Además, soy penosa. Trato de hacer amigos, pero no estoy segura de cómo hacerlo. Me dicen: «Sé tú misma». Ni siquiera sé lo que eso quiere decir. Ojalá mi mamá me ayudara.

Mis temores dictan mis pensamientos y lo que hago. Soy una persona muy insegura, y siempre he pensado que los hombres son malvados. Aun así, desde que empecé en el bachillerato, me he hecho amiga de varios muchachos que me han ayudado a cambiar de opinión. Sin embargo, todavía tengo miedo de permitir que un joven se interese en mí. Tengo mucho miedo. Estoy empezando a evitar a los que me han tratado. Quiero que Dios me use, pero creo que no podrá ser así mientras el miedo me siga paralizando tanto. ¿Y cómo voy a casarme? Pienso que soy de las peores personas del mundo.

 Tengo mucho miedo de que a mi madre le pueda pasar algo en el trabajo o cuando va al mercado, etc.

¿Recuerdas cuando les dispararon a unos niños amish hace un par de años? Salió en todos los noticieros. Pues bien, yo conocía al hombre que les disparó. Ahora siento que no puedo creer en nadie.

Lo siento por mi familia, porque yo nunca quiero que salgamos. Quiero que todos estemos juntos en casa en vez de andar por ahí con amigos. Solo quiero estar en casa y tener a mi familia conmigo allí mismo. Las preocupaciones se han adueñado de mi vida.

 Sí, fue estúpido, pero mis amigos y yo tomamos fotos indebidas de nosotros y las mostramos en salas de chat del internet. Ahora un muchacho de mi escuela nos está amenazando de chantajearnos con las fotos. Temo lo que pueda hacer con las fotos. Temo decírselo a mi mamá. ¿Qué debo hacer?

Estos son grandes temores que nuestras jovencitas enfrentan solas. Cartas como estas nos hacen pensar que los padres no tienen idea de lo que les está pasando a sus hijas en la escuela.

Muchas adolescentes no saben qué hacer en cuanto al acoso sexual, los abusos emocionales o físicos y las intimidaciones.

Necesitan saber que deben comunicarles esos tipos de conducta a los directores de sus escuelas o, si es necesario, a la policía. Hacer lo que hay que hacer podría evitar que otras jovencitas experimenten el mismo terror.

Estos tipos de incidentes no deben tomarse a la ligera. Por desdicha, comunicarlos puede tener consecuencias negativas para las víctimas. Es importante que los padres comprendan que denunciar a sus compañeros a las autoridades será una experiencia en extremo traumática para sus hijas. Necesitarán que las respalden y hasta que las protejan por un tiempo para que no vayan a ser víctimas de la persona que acusaron.

Si todavía no lo has hecho, siéntate y habla con tu hija con toda franqueza acerca de las conductas sexuales inapropiadas y lo que puede hacer para protegerse. Procura que sepa cuáles son sus derechos al informar tales incidentes, lo mismo si el perpetrador es un compañero, un maestro u otro adulto en el que confiaba. Debe saber que el acoso sexual es un delito, y que la ley protege a las víctimas.

¿Cuánto sabes de lo que le sucede a tu hija en la escuela todos los días?

¿La intimidan?

¿Ha sido víctima de acoso sexual?

¿Conversa tu hija en las salas de chat del internet?

Lo mejor es preguntárselo a ella. Inicia la conversación de una manera nada amenazante, mientras está contigo y van rumbo a alguna práctica, o cuando están limpiando en la cocina después de la comida. Pudiera sorprenderte lo que te dice, pero hablar de eso le da la confianza de que estás a su disposición si la lastiman de alguna manera.

 Por favor, ¡díganme qué debo hacer! No tengo a nadie con quién conversar. Mamá acaba de terminar su entrenamiento para la Guardia Nacional. ¡Estuvo fuera seis meses! Le eché mucho de menos. Estoy contenta de que haya regresado, pero lo único que hace es quejarse de todas las cosas por las que ha pasado y dice que ya no le parece que encaja con nosotros en la familia.

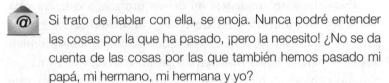

Si trato de hablar con ella, se enoja. Nunca podré entender las cosas por la que ha pasado, ¡pero la necesito! ¿No se da cuenta de las cosas por las que también hemos pasado mi papá, mi hermano, mi hermana y yo?

Mi madre es adicta a las drogas. Ha pasado medio año desde que nos vimos. Ahora me preocupa, y me está enfermando físicamente. Temo que no vaya a volver a estar con nosotros... o que se vaya a morir. He tratado de llamarla, pero no doy con ella. ¡Tengo mucho miedo!

No creo que Dios esté contestando nuestras oraciones. Mi madre cayó muy enferma y no está mejorando. Todos tenemos miedo. Puedo ver el miedo en los ojos de mi madre. No me digas que todo va a estar bien. Necesito a alguien con quien hablar. ¡Tengo mucho miedo! ¿Y si se muere?

El miedo es una emoción que puede ser paralizante, y más en una jovencita sin mucha experiencia en la vida. Cuando se nos presentan cosas inesperadas, todos necesitamos un sistema de apoyo que nos ayude a navegar en tiempos difíciles. Cuando la madre es el sistema de apoyo y parece que se desmorona, ¿qué puede hacer una chica?

Es una realidad: La gente puede caer enferma del cuerpo y de la mente. Los padres mueren. Las *madres* mueren, dejando atrás hijos y esposos que deben enfrentar la vida sin su presencia. En lo personal, me identifico (Kathy) con esto más de lo que jamás hubiera podido imaginar que lo haría como una adolescente.

A mi mamá la diagnosticaron de cáncer cuando yo tenía dieciséis años. Mi fe en Dios y en su poder para sanar era fuerte.

No dudaba que Dios la sanaría y que volvería a estar bien otra vez. Lo triste es que mi familia no hablaba de la seriedad de esa enfermedad. Nunca antes había conocido a nadie con cáncer, y términos como *maligno* y *quimioterapia* eran ajenos para mí. Jamás olvidaré aquel día de noviembre en el que mi vida cambió para siempre. Al salir de la escuela me encontré a mi pastor y a mi cuñado esperándome en el auto. Estaban allí para decirme que mi madre acababa de morir.

¡Mi madre murió mientras yo estaba sentada en un aula! Quedé aturdida. ¡No podía ser! ¿Cómo no pude presentir que sería así? ¿Por qué nadie me dijo lo grave que estaba?

Solo *sabía* que Dios la iba a sanar y que mi vida volvería a la normalidad.

Dios, en cambio, no decidió sanar a mi madre aquí en la tierra. Se la llevó al cielo tres semanas antes de que yo cumpliera dieciocho años. Quedé devastada.

Las enfermedades existen. El miedo de que un ser amado enferme es una realidad. Los adolescentes necesitan y merecen saber la verdad sobre la gravedad de la enfermedad de un familiar, y más si se trata de la madre.

Algunos adultos bien intencionados pudieran tratar de proteger a los adolescentes de temores exagerados y la tensión que produce una enfermedad grave, pero la realidad es que Dios no siempre sana a todas las madres que se enferman.

Cuánto me hubiera gustado que hubieran sido sinceros conmigo cuando mi mamá estaba muriendo. Siendo una adolescente ingenua y egocéntrica no había captado lo grave que estaba. Lamento que nunca tuve la oportunidad de decirle adiós. Se fue de repente y, al irse, terminó la vida que conocía yo.

Los adolescentes son inteligentes y necesitan sinceridad. Pueden enfrentar muchas más cosas de lo que creemos. Muchos enfrentan situaciones familiares difíciles y tienen que madurar mucho más pronto. Más que nunca esos adolescentes necesitan el amor y el apoyo de sus familiares y amigos. La pérdida de uno de sus progenitores a tan temprana edad puede ser aplastante.

No importa lo que parezcan en lo exterior, puedes tener la seguridad de que por dentro el dolor es profundo.

Notas
1. www.safeyouth.org/scripts/teens/depression.asp.
2. Ibíd.
3. Ibíd.
4. Ibíd.

4

Lo que ella quiere que sepas: «Tengo preguntas que no sé cómo hacerte»

«EN CUANTO A LOS CAMBIOS EN MI CUERPO, ¿SOY NORMAL?»

No entiendo cuándo me voy a desarrollar. Estoy bien atrasada. Alguien dijo que hay diferentes etapas del desarrollo. ¿Cuáles son? Siento como si mis hormonas se estuvieran volviendo locas.

¡Estoy cansada de parecer un muchacho! Todas mis amigas tienen senos y están adquiriendo curvas. ¿Voy a seguir luciendo como ahora?

¡Auxilio! Mis senos son de dos tamaños diferentes, y de veras que me duelen. ¿Tendré cáncer?

¡Sí que sudo mucho! ¿Tendré algo malo?

¡Estoy asustada! Me aparecen unas cosas blancas en mi ropa interior, y me pica por allá abajo. Mis amigas me dicen que debo ir al médico. Tengo que decírselo a mi mamá. Así y todo, ¿cómo puedo hacerlo? ¿Cómo le menciono esto en una conversación?

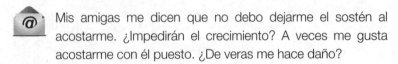

Mis amigas me dicen que no debo dejarme el sostén al acostarme. ¿Impedirán el crecimiento? A veces me gusta acostarme con él puesto. ¿De veras me hace daño?

Algunas personas dicen que usar una tanga como ropa interior es pecado, y otros dicen que no importa, pues es ropa interior. ¿Será malo que la use?

¿Cómo encuentro mi talla de sostén? ¿Y qué es un sostén de entrenamiento?

Quiero empezar a afeitarme las piernas, pero temo que mi mamá se ría si se lo digo. O que me diga que no puedo afeitármelas. ¿Qué debo hacer?

La pubertad puede ser atemorizante para tu hija. Háblale de los cambios que experimentará a medida que se le desarrolla el cuerpo.

No esperes a que te pregunte. Es probable que se sienta cohibida o que le dé pena hablarte de los cambios que se están produciendo en su cuerpo. El que tú inicies la conversación le hará menos difícil hablar contigo de cosas que le da pena preguntarte.

HÁBLALE DE LO QUE DEBE ESPERAR

Cosas tales como:

- Sus senos se le empezarán a desarrollar y quizá no le crezcan parejos al principio. Quizá sienta dolor y picazón, lo cual es *normal*. Llévala a comprarse sostenes y explícale cómo hallar los que le queden bien. Si es necesario, pídele a una empleada de la tienda que les enseñe a las dos.

- Es probable que sienta que los senos le crecen antes de su primera menstruación y que se sienta torpe y rara hasta que llegue a lo que va a ser.

- Las curvas de las caderas se le irán desarrollando y su cintura se irá definiendo más.

- Le irán saliendo pelos públicos y pelos en las axilas. Y también le saldrán pelos en las piernas. Decidan juntas cuándo es más apropiado afeitarse las piernas. Si los pelos en las piernas le dan pena, *corre*, no camines, a la tienda y cómprale hojas de afeitar y enséñale a usarlas sin herirse. A veces no vale la pena pelear algunas batallas. Algo tan sencillo como dejar que se afeite las piernas puede ahorrarle grandes vergüenzas a ella y batallas innecesarias a las dos.

- A medida que las hormonas y las glándulas sebáceas empiezan a andar a toda marcha, le puede salir una erupción en el rostro. Enséñale a usar productos limpiadores que la ayuden a evitar un acné serio. Hablen de la importancia de mantener limpios el rostro y el cabello. Diviértanse yendo las dos de compras y comparando productos que mantendrán bellos su piel y su cabello juveniles. Hacer esto las unirá más al *celebrar* juntas su desarrollo.

- La menstruación suele comenzar entre los diez y los catorce años. Hazle entender que estas son edades *promedio*. Si es de menstruación tardía, no debe alarmarse si se demora en llegar. Pudiera experimentar una descarga vaginal antes del primer periodo y pudiera necesitar toallitas protectoras. Proporciónale tampones y compresas higiénicas *antes* de su primera menstruación. ¡No esperes a que te los pida!

Las adolescentes son tímidas en extremo respecto a sus cambiantes cuerpos. Se avergüenzan de cómo se están desarrollando... ¿o *no*?

Sé comprensiva y apoya a tu hija cuando se queje de que su ropa ya no le sirve, que le están saliendo granos en la cara o que se siente mal. Dale ánimo y apoyo mientras deja de ser una niña desgarbada para convertirse en una joven encantadora. La pubertad afecta a toda la familia. Prepárate para sus exabruptos, sus lágrimas y las puertas que tirará con ira. Tu hija no se está convirtiendo en un monstruo... al menos no lo será para siempre. Está luchando por su independencia. Quiere espacio entre ustedes y ella, espacio para crecer. Ella los necesita con desesperación, aunque quizá no te lo diga.

«MI PERIODO»

 ¿Qué si estoy en la escuela o en algún otro lugar público y me empieza mi primer periodo? ¡Me aterra pensarlo! No sé qué esperar. ¿Lo notará todo el mundo?

 Mi hermana todavía no ha tenido su periodo, y ya está en el bachillerato. ¿Quiere esto decir que yo tendré también un comienzo tardío? Ya me están creciendo los senos, y he tenido algún derrame. ¿Quiere esto decir que estoy a punto de tenerlo? Mi mejor amiga ya ha tenido su periodo, ¡y yo quiero también el mío!

 Mis periodos son bien irregulares. ¿Qué me estará pasando?

 DETESTO menstruar. Apenas comencé, y he tenido mucho dolor. Es absurdo. ¿Qué puedo hacer para sentirme mejor?

 No sé cómo usar un tampón. ¿Son peligrosos? ¿Qué si se me va para adentro?

 Temo que mi mamá se ponga con cosas conmigo cuando le pida algunos tampones. No, todavía no he tenido mi periodo, pero quiero estar lista. Me gustaría que me hablara sobre la pubertad. No sé qué esperar. ¿No tiene ella la responsabilidad de hacerlo?

Un gran problema: Asisto a una escuela privada, y no se nos permite llevar carteras. Me empezó la regla. ¿Cómo puedo llevar lo que necesito? Tenemos una máquina dispensadora de tampones en el baño, pero casi siempre está vacía. No tengo bolsillos en el uniforme, así que no sé cómo voy a traer esas cosas conmigo.

 ¿Va a doler cuando tenga el periodo?

 Quiero preguntarle a mi mamá sobre los tampones. ¿Seguiré siendo virgen si los uso? ¿Cómo me lo pongo? No sé cómo hablarle de esto.

 ¿Será peor el dolor si me baño mientras tengo el periodo?

 ¡Me aterroriza que me empiece la regla y no sepa qué hacer! Estoy en sexto grado, y tengo doce años de edad. Me da miedo hablar de esto con mi mamá, pero tengo muchas preguntas. Es probable que sepa las respuestas, pero temo hablarle de eso ahora.

Para una adulta que pasó la pubertad años atrás, estas preguntas parecerán tontas, pero son preguntas que de verdad nos han formulado. *Ellas no saben estas cosas y han querido preguntarlas sin miedo a avergonzarse.*

En realidad, ¿cómo *van* a saberlo si nadie les habla de eso? Algunas escuelas tienen una asignatura de educación sexual o de salud, pero a la mayoría de las adolescentes le da pena preguntarles a los maestros sobre cuestiones íntimas. Por eso es tan importante, mamá, que ocupes el lugar que te corresponde y que no solo le *hagas* fácil a tu hija la discusión de estas cosas contigo, sino que tenga la confianza para hacerte esas preguntas.

He aquí algunos consejos útiles, a fin de preparar a tu hija para su primera menstruación

- Con suficiente antelación, ponte de acuerdo con ella sobre cómo puede avisarte que va a tener su primera regla. Haz que le sea lo más fácil posible darte la noticia sin que sea algo grande. Aun el pedirte más tampones cuando se le acaben le puede resultar penoso si no han hablado de eso con tiempo. Y recuerda, ¡NO le anuncies a toda la familia que tu hija acaba de «hacerse mujer»! ¿Te acuerdas de cuando tenías su edad? Nada podía ser más aterrador.

- Ella puede haber tenido sangramiento vaginal unos meses antes de su primera regla, y tendrá que usar toallitas protectoras. Debes comprárselas con tiempo para que esté preparada.

- Asegúrale que pudieran pasar varios meses antes de que la menstruación sea regular. Enséñale cómo se mantiene un calendario para que no la tome por sorpresa.

- Explícale las diferencias en los productos femeninos y cómo usarlos. Pídele que te avise cuando esté lista para usar tampones.

Entonces, ¿qué nos dicen en realidad estas adolescentes?

«Tengo miedo».

«No tengo a nadie que pueda preguntarle sin que se ría de mí ni que me haga sentir apenada».

«He oído a mis amigas decir cosas que no entiendo muy bien».

«¿Qué puedo esperar?»

No pueden decirlo mucho más claro. Tu hija necesita que hables con ella sobre ser mujer y lo que puede esperar. Para que ya no sea una situación tensa, empieza desde que es pequeña. Háblale de dónde vienen los bebés y qué es la pubertad. Será más natural para ti discutir los asuntos más profundos que de seguro se presentarán.

No esperes que sea tu apenada jovencita la que se te acerque e inicie la conversación. Recuerda, tú eres su maestra de toda la vida que la has iniciado en muchísimas cosas: su primera bicicleta, su primer día en la escuela, cómo hacer amigos y ser amiga. Ahora que está entrando en la pubertad, necesita aprender de ti lo que significa ser una joven.

ASÍ SE EMPIEZA

Quizá te sientas estancada aquí, sobre todo si tu madre no hizo que te fuera fácil preguntarle sobre los cambios que se fueron produciendo en tu cuerpo. Prueba estas sugerencias para ayudarte a comenzar:

- Busca a algunas madres que tienen hijas de la misma edad que la tuya, e invítalas a formar un grupo «Solo para muchachas». Planeen una actividad todos los meses para hacer algo divertido y así crear un buen ambiente para conversar sobre pubertad, sexo, salidas con muchachos, etc. Comiencen poco a poco y conservando la informalidad. Cuando las mujeres (y tú) se sientan más a gusto hablando de cuestiones de muchachas, les será más fácil preguntar y discutir asuntos personales. Háganlo divertido. Salgan a comer o completen juntas alguna artesanía para que no les sea incómodo iniciar una conversación. Para buscar ayudas prácticas y sugerencias para comenzar la discusión, búsquense un libro sobre relaciones madre-hija y estúdienlo juntas. Recomendamos *Bloom: A Girls Guide to Growing Up* (Enfoque a la Familia) y *Más cerca... de ti y de Dios*, por Susie Shellenberger. Créanme, ¡a las adolescentes les encantará!

- Haz que le sea fácil contar experiencias. Habla de cómo eran las cosas cuando tú eras de su edad y cómo aprendiste sobre la pubertad. No tiene que ser demasiado. Comienza con una simple conversación con tu hija mientras van en el auto (solas las dos) o mientras hacen juntas los quehaceres de la casa. Comienza con algo así: «Siempre me dio pena hablar con mi mamá sobre cosas como la menstruación y los cambios en mi cuerpo. Quiero que sepas que puedes hablarme de cualquier cosa que no entiendas».

- Rompe tú el hielo. Aprovecha cada oportunidad para hacer comentarios espontáneos sobre tu hija y las cuestiones femeninas. Que sepa si estás teniendo dolor o si estás teniendo el síndrome premenstrual. Necesita entender que eso es normal y que es parte de ser mujer. Sin embargo, no dejes que la menstruación le parezca horripilante... ¡no quieras que se muera de miedo!

- Empieza pronto a hablarle de la genética familiar. Si la tuya es una familia de menstruación tardía, que lo sepa para que no le extrañe que sus amigas ya han tenido la menstruación y ella no. Dile a qué edad comenzó tu desarrollo. Es probable que su desarrollo siga la misma trayectoria.

- No esperes a que le empiecen a salir los senos a tu hija para comenzar a hablarle de cómo su cuerpo va a cambiar durante la pubertad. Ella quiere saber qué esperar. Quizá le duelan, tenga comezón y no estén parejos al principio. Todas estas cosas son normales, y no debería darle vergüenza.

- Si en su escuela dan clases de educación sexual y de salud relacionadas con las cuestiones de la pubertad, pregúntale si le contestaron todas sus preguntas. ¿Hablaron de temas como el divorcio, el embarazo en la adolescencia y las ITS (infecciones de transmisión sexual)? Cuando inicies estas conversaciones, sabrá que esos temas no están fuera de límites y que pueden conversar al respecto.

Depende de ti, mamá, el que se establezca bien el tono de este tipo de conversaciones con tu hija. Ayúdala a entender que sabes que va a tener algunas inquietudes y que puede ir a ti en cualquier momento para recibir respuestas apropiadas. Sé su lugar seguro para hablar de sexualidad, de su cuerpo y de palabras que habrá escuchado y que quizá le resulten nuevas.

5

El sexo y las salidas en cita

@ ¿La mujer queda embarazada cada vez que tiene relaciones sexuales?

@ Bailé con un muchacho en una fiesta de la escuela y estuvo presionándome para que lo besara. Nada sucedió porque no cedí. A pesar de eso, me asustó y me excitó a la vez. Quiero hablar de esto, pero mi mamá se volvería loca si se lo cuento. Es probable que por el resto de mi vida no vuelva a darme permiso para ir a otra fiesta.

@ Mis amigas dicen que es bueno tener relaciones sexuales antes de casarse. Me han enseñado que eso está mal, pero estoy empezando a preguntarme si todas las relaciones sexuales fuera del matrimonio son malas. He decidido esperar hasta que me case para tener contacto sexual. Sin embargo, ¿qué sucede con las otras cosas tales como los sentimientos mutuos, el sexo oral y solo dormir juntos? Creo que está mal, pero no estoy segura de por qué. Nadie me ha explicado en concreto por qué es malo.

Mi novio y yo nos acariciamos mucho, pero no hemos llegado a nada. ¿Puedo quedar embarazada por eso?

 Creo que el sexo es asqueroso. Tengo nada más que doce años, y quizá cambie de opinión cuando sea mayor, pero a lo mejor no. Solo por curiosidad: ¿Debo tener relaciones sexuales cuando me case? ¿Qué pasará si no me gusta? Quiero tener hijos, pero no me puedo imaginar teniendo relaciones sexuales.

 Mi novio y yo somos activos sexualmente, y él no quiere que yo quede embarazada. ¿Qué tipo de control de la natalidad debo usar?

 Voy a estudiar en una universidad estatal, y me aterra la posibilidad de que me violen cuando salga con alguien. ¿Qué tipo de señal debo notar si un muchacho es propenso a ser un violador? ¿Cómo puedo protegerme de eso?

 Tengo catorce años y todas mis amigas salen con amigos. A mí no me dejan hacerlo hasta que no cumpla los diecisiete. ¡Me faltan tres años! Tengo miedo de que un muchacho me pida que salga con él desde ahora hasta entonces. ¿Qué le digo? ¿Debo tratar de que mis padres cambien esa ley tan estricta?

 Mi novio no es cristiano, pero yo sí. Lo amo, pero sé que no puedo pasar el resto de mi vida con él. Me siento atrapada. ¿Cómo puedo romper con él sin herirlo?

 Me hice muy amiga de un chico de mi grupo de jóvenes. Mis padres interpretaron nuestra amistad como noviazgo, ¡pero no éramos novios! Ya no me dejan estar con él. Me duele mucho, y ahora él ni me mira.

 Mi pastor de jóvenes anunció que iba a estar presentándonos una serie de charlas sobre las salidas de parejas y las relaciones sexuales. No quiero que los jóvenes estén en el mismo lugar con nosotras cuando se habla de esto. No me gusta eso para nada. Es más, prefiero no ir, pero no quiero perderme los cultos y la compañía de mis amigos. ¿Qué debo hacer?

 ¡Nunca he tenido novio! Mi mejor amiga es más que preciosa y la invitan a todo. ¿Qué me pasará? ¿Cómo sé si Dios tiene a alguien para mí? Lo que quiero es que algún joven se fije en mí y me trate como una chica especial.

 Tengo normas muy altas y una sólida relación con Cristo. Nunca he salido con un joven que no sea cristiano, y nunca me permito estar en una situación comprometida. Soy bastante madura para mi edad y jamás les he dado a mis padres ni un motivo para que desconfíen de mí. Sin embargo, mamá y papá me han dicho que no puedo salir con un joven hasta que me gradúe de bachiller. ¿Pueden darme algún consejo sobre cómo convencer a mis padres de que tengo bien ordenadas mis prioridades y que no voy a desobedecerlos ni a Dios ni a ellos?

 Casi todas las muchachas de mi escuela invitan a algún muchacho a salir. Mi mamá dice que debe ser al revés. Piensa que el muchacho es el que debe invitar. Mis amigas siempre están llamando a los muchachos. Mamá ni siquiera me deja hacer eso. ¿Qué tiene de malo llamar por teléfono a un amigo solo para conversar? Si espero que él sea quien llame, ¡quizá nunca lo haga! Entonces, ¿qué?

 Alguna gente dice que es mejor salir con diferentes muchachos para adquirir mucha experiencia. ¿Qué piensa usted?

 Mamá dice que cuando yo esté lista para salir en cita, debo tener un noviazgo. Siempre estamos discutiendo. ¿No debo ser yo la que decida las salidas en citas o el noviazgo? ¡Se trata de mi vida!

Mi mamá y yo hemos hablado mucho sobre las relaciones sexuales. Entiendo que es mejor durante el matrimonio, y que tener relaciones fuera de esos límites causa bastantes problemas. Mamá siempre está hablando de lo importante que es mantenernos puras. ¡Pero yo soy pura! ¿Por qué seguirá diciendo eso?

 Algunos de mis amigos han decidido no besarse siquiera hasta el día de su boda. ¿Es malo que se besen antes de casarse? No me malentienda; estoy dejando las relaciones sexuales para después del matrimonio. En cambio, no quiero tener que esperar al día de la boda para besarlo. ¿Es malo eso?

 ¡Me muero de miedo! Mi novio y yo acabamos de tener relaciones sexuales y al final nos dimos cuenta que el preservativo estaba roto. ¿Qué pasará si estoy embarazada? Sé que lo que hice es pecado, y ya le he pedido a Dios que me perdone. Quisiera hablar de esto con mi mamá, pero me temo que gritará y dirá lo decepcionada que está de mí. ¿Qué me aconseja?

 Mi novio y yo estamos comprometidos. Ambos tenemos diecisiete años. Nos faltan tres años para casarnos, pero ya tenemos relaciones sexuales. Al principio, lo racionalicé: Voy a casarme con él, pensé. Entonces, ¿qué tiene de malo?

Sin embargo, últimamente me consume el alma. Solía usar un bello anillo de pureza que mis padres me regalaron cuando cumplí dieciséis años. Ahora uso el anillo de compromiso que me dio mi novio, y siento como que me he privado yo misma de lo que debía experimentar en la noche de boda. Eso me enferma. No debió haber sido así.

Las relaciones sexuales y las salidas en cita son los temas sobre los que más nos escriben las adolescentes. Vivimos en una cultura demasiado explícita en cuestiones sexuales donde a los

adolescentes se les alienta a participar en una variedad de actividades sexuales. La mayoría de los adolescentes no considera otra
cosa que no sea el coito como estar involucrados sexualmente.

Maggie, una joven de dieciséis años, solo había estado saliendo con Joe dos semanas cuando este comenzó a presionarla
para que tuvieran sexo oral. «Eso no es tener relaciones sexuales», le decía. «No vas a quedar embarazada».

Muchas amigas de Maggie se jactaban del sexo oral, y ella
sentía curiosidad. *Si no voy a quedar embarazada, pensó, ¿cuál es
el problema?*

La próxima vez que salió con Joe, estuvo de acuerdo en hacer lo que él quería. ¿Sabes qué? No tardó mucho en entregarle
su virginidad. Se dijo que si ya había hecho *esto*, muy bien podría seguir adelante y hacer *eso*.

Claro, si le hubieran preguntado a Maggie si tuvo relaciones
sexuales cuando estaba en la etapa de solo sexo oral, hubiera
dicho: «No, porque no ha habido penetración, y por eso no lo
consideramos relaciones sexuales».

El sexo oral se ha disparado entre los adolescentes, y aun
entre los preadolescentes. (No gracias a los conferenciantes en
las escuelas que promueven lo de «todo está bien siempre que
practiquen el sexo seguro. Y he aquí algunas alternativas para el
coito»).

———

Sin saber lo que hacía, Molly llevó a la escuela un brazalete
de goma fina de cierto color. «No era nada importante. Lo com-
pré en las vacaciones de mi familia el verano pasado», dijo. Sin
embargo, Erik y unos cuantos más le dieron gran importancia
cuando la vieron en la cafetería durante el almuerzo. En seguida
se corrió la voz de que Molly estaba ofreciendo ciertos favores
sexuales. Más tarde una amiga le dijo que ciertos colores de
brazaletes era un anuncio de lo que una muchacha haría con
un muchacho.

Entonces Molly comenzó a notar el número de brazaletes,
con colores específicos, que usaban muchas muchachas de la

escuela. «No me imaginaba que mi brazalete estuviera diciendo algo tan retorcido», dijo. «Dejé de usarlo cuando supe lo que los muchachos estaban diciendo de mí».

———

Stacia sabía que la fiesta en la casa de Zack iba a ser diferente, pero no entendió la diferencia hasta que llegó. Los muchachos y las muchachas formaban parejas y entraban en intimidades. Luego, no se quedaban así; al rato intercambiaban parejas y todos estaban a la disposición de los demás.

—A eso le llamaban ACB —dijo Megan—. Amigos con beneficios.

—Nunca había oído de algo igual —admitió Stacia.

—No hay problema, niña. Verás que te gusta.

Los amigos con beneficios les permiten a los jóvenes y a las muchachas que no son novios disfrutar de beneficios sexuales. En otras palabras, es la emoción de tener relaciones sin estar relacionados. No hay límites. La exploración sexual mutua de los cuerpos sin ningún compromiso.

———

¿Ya ves por qué se confunden nuestras hijas? Se ven bombardeadas con una serie de tentaciones sexuales a través de todos los medios de comunicación, así como de sus propias amistades. Claro, tienen preguntas sobre lo que están viendo y oyendo.

En este día y época en que «todo es permitido», a las adolescentes les cuesta saber lo que es moral e inmoral.

Cuestionan los valores y reglamentos de sus padres en cuanto a la edad que deben tener para que se les permita salir con algún joven, el enamoramiento y el noviazgo... y la lista sigue y sigue.

A medida que tu hija trata de descubrir su individualidad, se puede volver muy reacia a escuchar a cualquiera, incluyéndote a ti, que le esté diciendo qué hacer y cómo hacerlo. Esto puede crear un campo minado de tensión emocional. Madre, te sentirás tentada a interpretar esta conducta de tu hija como rebelión. ¿No será que está tratando de descubrir por sí misma las cosas? Los cabezazos, los gritos y los portazos pueden ser la única comunicación que tendrás con ella durante esos turbulentos años.

¿DEMASIADO JOVEN PARAR SALIR EN CITA?

Las adolescentes están comenzando a salir en cita a una edad más temprana que cinco años atrás. Niñas de hasta once o doce años nos escriben de lo solas que se sienten y de cuánto desearían tener un novio como muchas de sus amigas. Perciben que son «las únicas» que no tienen novios, y según ellas, es algo bien amoroso, emocionante y romántico.

Fui copresentadora (Susie) de un programa radial en todo el país que inició Enfoque en la Familia. *Life on the Edge Live!* se transmitió durante más de siete años, y fue un interesantísimo ministerio a los adolescentes. No puedo decir cuántas veces recibí llamadas de niñas de doce y trece años que ya salían en cita con muchachos y llamaban con preguntas sobre esas relaciones.

Una noche, después de la que nos pareció la enésima llamada de niñas que no tenían edad para salir en citas, intenté algo diferente y me atreví a decirle:

—Bien, Samantha, pero vamos a ver. Dices que estás saliendo con Troy, y que hacía un mes que estaban saliendo; pero necesito que me aclares qué quiere decir eso de "estar saliendo". ¿Se sientan a conversar en la cafetería de la escuela? ¿Van juntos a ver un juego de fútbol de la escuela? Dime, ¿qué es lo que quieres decir con eso de que estás saliendo con él?

—Es que salimos solos —me respondió.

—¿Solos ustedes dos? —la presioné.

—¡Claro!

—¿Y qué edad tienes ahora?

—Doce.

—¿Te das cuenta de que eres demasiado joven para salir en cita? —le pregunté.

—Ah, no lo creo.

—Tienes doce años.

—¿Y qué?

—¿Saben tus padres que tienes novio? —le pregunté.

—Claro, y están de acuerdo —me dijo.

—Bueno —yo estaba a punto de soltar la risa—. De veras que me cuesta mucho trabajo creer eso. Quiero hablar con tus padres. Pónmelos al teléfono.

—No están aquí ahora —me respondió.

Quizá fuera cierto que no estuvieran. Aun así, deseé tener la oportunidad de conversar con los padres sobre lo que están pensando cuando dejan que una niña de doce años tenga relaciones exclusivas con un muchacho de casi la misma edad y que salgan solos como si fueran novios.

¿Cuál es la edad apropiada para salir en cita? Eso depende de los padres. Conocen su nivel de madurez emocional. En cambio, cuando las jóvenes comienzan a salir con muchachos antes de tener dieciséis años, muchas veces se aburren de esas salidas cuando ya tienen dieciocho y quieren ir más allá. Te ruego que tengas cuidado al darle permiso a tu hija para salir en cita. ¡Esperar un poco no le va a hacer daño!

COMUNICACIÓN

Las cosas que nos asustan más que ninguna otra son las que oímos de muchachas de edad universitaria que no salen mucho con jóvenes o que nunca han tenido un novio. Demasiadas veces le dicen que sí al primer tipo que les muestran interés por temor a quedarse solas por el resto de sus días. No tienen suficiente experiencia para saber que estar casadas con alguien que no les conviene es peor que quedarse solteras.

Madre, por favor, dile todos los días a tu hija que es linda, valiosa y especial. Toda muchacha anhela oír eso de *alguien*. Si no escucha esta importantísima afirmación de ti, sucumbirá ante el primero que le preste alguna atención.

Será más fácil para ambas si le aclaras pronto qué es lo que esperas en asuntos importantes como la edad apropiada para salir en cita, el noviazgo, la hora de volver a casa, etc. Prepárate y propicia la discusión. A tu hija no le bastará un «porque lo digo yo», ni un «así es como van a ser las cosas en esta casa». Querrá saber *por qué* has establecido esas reglas. Toma el tiempo que sea necesario para explicarle tus razonamientos y contarle lo que has ido aprendiendo en la vida.

Esa puede ser una conversación esclarecedora si le dedicas tiempo a pensar bien cómo podría interpretar tus respuestas. Trata de recordar cómo *te* sentías a su edad cuando las reglas de tus padres te parecían demasiado estrictas.

Debes estar dispuesta a transigir cuando sea adecuado. Tu hija necesita saber que eres sensible a sus sentimientos y a las presiones que siente para ser aceptada, mientras que al mismo tiempo la estás protegiendo de situaciones dañinas.

Ya debe haberte oído decirle un millón de veces que lo único que quieres es su bienestar. No temas hablarle de personas cuyas vidas se vieron afectadas por malas decisiones o por no haber sentido la influencia de sus padres. A veces contarles algunos secretos familiares puede ser una buena manera de que los hijos aprendan de los errores de otros. Háblale con franqueza a tu hija sobre las consecuencias de una decisión tomada en un momento de pasión de adolescente. Nadie puede evadir las tentaciones... ni siquiera tu preciosa hijita.

LAS CONEXIONES FAMILIARES

Sí, muchas jovencitas se sienten solas, pero no porque no tengan novios. Muchas solo necesitan sentirse *conectadas* a alguien que las *ame*. Madre, tu horario de trabajo puede impedir que estés tan disponible para tu hija como ella necesita que lo estés. ¿Hay algo que puedes eliminar de tu vida durante estos años críticos de su adolescencia para que te permita estar más disponible cuando te necesite? Piénsalo. ¿Es más importante ser la presidenta de ese comité que estar a la disposición de tu joven hija?

Las jovencitas son vulnerables en especial a la soledad; no pueden conducir y, a menudo, se quedan encerradas en casa a la espera de que la lleven a cualquier parte para sacarlas de la casa. El tiempo en familia es crucial en la vida de tu hija durante estos años de escuela secundaria. Mantenla ocupada haciendo cosas interesantes contigo para que no le quede tiempo de sentirse aburrida y sola sin un novio. Pídele ayuda para planear un día en familia una vez a la semana. Usa ese tiempo solo para eso: una noche reservada solo para tu familia. ¿Necesitas ayuda para comenzar a hacer esto? Aquí tienes algunas ideas:

PIJAMAS Y PIZZA

Reserva una noche a la semana para quedarse en casa y juntos disfrutar de una pizza y una buena película que les guste a todos. Pónganse sus pijamas favoritos, agarren una frazada (si hace frío), ¡y siéntense a disfrutar de una noche de películas en familia!

CHOCOLATE Y DIVERSIÓN

Vayan a su heladería favorita y tengan una frívola celebración familiar. Hagan de esta una parada intencional en camino a su casa después de salir de las tiendas o sube la pandilla al auto «solo porque sí». Nada del otro mundo, sin agenda. ¡Pon la mente a baja velocidad y disfruten la ocasión! ¡Celebren por solo estar juntos!

LAZOS CON LA FAMILIA EXTENDIDA

¡Júntense a menudo con la familia extendida para divertirse como antes! Vayan a la playa a tirar discos voladores, o vayan a la casa de cada uno a divertirse con juegos de mesa. ¿Qué te parece si comen después unas empanadas? ¡Y no olviden a sus tíos ya ancianos ni a sus abuelos! Tienen historias que contarles y le enseñarán a tu hija montones de cosas de la vida. Promueve la lealtad hacia los familiares cercanos.

SÉ SU FANÁTICA

Sé su mayor fanática. Convierte en algo grande los eventos deportivos o musicales en los que participa tu hija. Estarás construyendo unos nexos familiares fuertes cuando la aclames y le muestres apoyo a su talento. Haz que sea una prioridad de la familia: poder contar los unos con los otros y mostrar su respaldo. Que hermanos y hermanas, tías, tíos, abuelos, primos, hagan de las actividades de tu hija algo importante para toda la familia. Su confianza subirá como la espuma sabiendo que ustedes están en las gradas. Premien sus grandes esfuerzos con su presencia.

¡CELEBRACIÓN DE LOS DOMINGOS!

Antes de que la familia regrese a la escuela y al trabajo el lunes, denle importancia a prepararse para la siguiente semana. Dedica el domingo por la noche a reagruparse como familia. Disfruten sus golosinas favoritas, hagan rositas de maíz, vean alguna película, arréglense las uñas, empaquen los almuerzos para la escuela, acuéstense temprano. Aprovechen todo ese tiempo para apreciar mucho lo que hicieron como familia en la última reunión de fin de semana. Cambien impresiones sobre lo que van a hacer en los próximos fines de semana. ¿Cuándo es ese examen? Si tu hija trabaja a tiempo parcial, ¿cómo va a estar su agenda el próximo fin de semana? ¿Qué noches cenarán juntos en casa? Oren juntos por la semana que está a punto de empezar.

Tu hija que está en la escuela secundaria puede sentirse a menudo atrapada en la casa con la familia, cuando preferiría estar socializando con amigos, así que sé creativa y haz que el tiempo en familia sea divertido y activo.

Abre tu casa

Las adolescentes son criaturas sociales. Quieren y necesitan estar con sus amigos más de lo que quieren estar en casa con su madre y su padre. Tu hija *anhela* tener libertad para salir sola y no estar dependiendo de la madre para que la acompañe.

Proporciónale alternativas de diversión para cuando algunas chicas de su edad ya están saliendo con noviecitos. Ábreles las puertas a sus amigas. Sé su anfitriona. Celebren fiestas de pijamas de fines de semana. A las adolescentes les gustan las actividades improvisadas. No te preocupes de que la casa quizá no te quede limpia.

Ten suficientes ingredientes a mano para preparar comidas y bocadillos de los que les gustan a las adolescentes. ¡Una olla de chili con carne y una cesta con bizcochos es todo lo que se necesita para que pasen bien la noche! Si eres planificadora, organiza una sesión de masajes, de arreglo de uñas, de maquillaje o de ver películas para mujeres. Hasta podrían ponerse a fabricar velas. Hagan cosas para muchachas. A todos nos gusta que nos mimen. Sería una buena oportunidad para iniciar conversaciones con tu hija y sus amigas en cuanto a recato, a la presión de los compañeros y a los muchachos. A las adolescentes les gusta conversar; todo lo que tienes que hacer es escuchar.

Haz que a las adolescentes les guste ir a tu casa. Mantenles las puertas abiertas. Tendrás bastantes noches tranquilas en una casa impecable después que crezcan y se vayan.

CUANDO COMIENZAN A SALIR EN CITAS

Ver a tu preciosa, y un tanto ingenua, hija salir por la puerta hacia su primera cita puede ser traumático para ti. Ya no eres la chaperona que se aseguraba que se respetaran las reglas de velocidad, que se regresara antes de la hora de volver a casa y, sobre todo, que no le lastimaran el corazón.

Te preguntas si la tratará con respeto. ¿La presionará para que haga cosas que ella no quiere? ¿Se dará cuenta del esfuerzo que has hecho por protegerla en todos esos años?

Habla con franqueza con tu hija sobre las varias cosas que un muchacho, impulsado por la testosterona, puede hacer para satisfacer sus apetitos sexuales. Entre las dos, preparen respuestas para lo siguiente:

- «Si me lo permites, puedo hacerte sentir muy especial».
- «Mis padres se fueron y estaré solo esta noche en casa. Ven y acompáñame».
- «Nadie se va a enterar».
- «¿Será que no me amas?»
- «Te amo; déjame demostrártelo».

Tu hija merece que la traten con respeto y necesita saber cómo responder a las insinuaciones sexuales. Tu responsabilidad es prepararla y protegerla de las malsanas atenciones masculinas.

¿Cómo hacerlo? Conversa con ella *antes* de que comience a salir en citas de cómo son las relaciones sanas y las que no lo son.

Aquí tienes algunas banderas rojas que las dos deben observar en un noviazgo poco saludable:

- Él es posesivo y celoso en extremo.
- La acusa de coquetear cuando no es así.
- Trata de controlar cómo se viste, lo que hace y con quién se relaciona.
- Tiene un temperamento variable, se enoja y grita un minuto y después se vuelve dulce y pide perdón.
- No respeta las reglas de los padres de la chica ni las horas de volver a la casa.
- Trata de mantenerla lejos de la familia y de los amigos.
- Amenaza con hacerle daño.
- Amenaza con hacerse daño o suicidarse si rompe con él.
- La presiona para tener relaciones sexuales.
- Grita, agarra o lanza cosas cuando se enoja.

- Bebe y usa drogas.

- Le dice que la ama al principio de sus relaciones.

- Ha tenido una vida hogareña trágica. Sus padres beben mucho y consumen drogas.

Recuerda: Ustedes son los padres; ella es la hija. Ustedes son los que tienen experiencia en la vida. Ella cuenta con que ustedes la protejan, aunque quizá nunca lo diga. Madre, no le temas a su crianza. Se los agradecerá un día.

RESTAURACIÓN

 Escuché a un muchacho testificar que era virgen y que no quería salir con una muchacha que fuera un producto dañado. Hablaba como si algo que está dañado no se pudiera restaurar. Yo estuve activa sexualmente antes de ser cristiana. ¿Eso significa que soy mercancía estropeada y no puedo siquiera ser pura otra vez?

 ¿Cómo ve Dios a una muchacha que violaron? ¿Está enojado con ella?

 ¿Qué debo hacer si me violan? Sé que debo ir a las autoridades, ¿pero cómo lidio con esto en lo espiritual?

 Soy bien tímida con los chicos. Pienso que tiene algo que ver con que uno de los amigos cristianos de mis padres me violó cuando yo era menor. Sé que debo contárselo a mi mamá, ¿pero cómo se lo digo? No quiero que esto afecte mis relaciones con los muchachos por el resto de mi vida.

 He estado encadenada a las drogas y hace un par de años que bebo. Tengo dieciséis años y siento como que mi vida está fuera de control por completo. Ah, y le entregué mi virginidad a un joven que yo creía que me amaba.

Dios ha estado obrando en mi corazón, y he comenzado a comprender lo alejada que estaba de Él. Le he pedido que me perdone y creo que lo ha hecho. Estoy yendo a la iglesia otra vez y tratando de vivir en obediencia al Señor. Sé que un día querré casarme con un cristiano y tener hijos. Aun así, ¿qué hombre va a quererme ahora?

Una joven que perdió su virginidad porque la violaron necesita con desesperación escuchar esto: *Fuiste víctima de un delito. Dios no está enojado por lo que sucedió. Él te ve como pura, y no estuvo dentro de su voluntad que te sucediera esto.*

Las muchachas que por voluntad propia perdieron su virginidad pueden también hallar una «segunda virginidad» pidiéndole a Dios perdón y apartándose de toda actividad sexual. Para Dios no existe eso de un «producto dañado».

Si sabes de alguna joven que siente que se ha pasado de la raya y que Dios no puede, o no quiere, perdonarla, necesita saber que los brazos amorosos y restauradores de Dios no son tan cortos que no puedan alcanzarla. Fue para borrar sus pecados que Cristo *murió*. El perdón está a su disposición si se lo pide.

Por favor, no permitas que una chica sufra porque piensa que es una causa perdida, o porque se ha ensuciado demasiado para que la perdonen. ¡La redención es algo maravilloso!

6

Pornografía

Antes creía que la lujuria y la pornografía eran cosas de los hombres. Sin embargo, soy mujer y tengo un gran problema con esos asuntos. Entré a un sitio pornográfico en el internet y me volví adicta. Lo único que pienso es en el sexo. Es como si me consumiera. Estoy dispuesta a hablar con cualquiera porque sé que necesito ayuda, pero no sé a quién acudir.

¡Auxilio! Yo me masturbo. Y mucho. Y lo he estado haciendo por muchos años. ¿Por qué me siento tan culpable de algo que no puedo dominar? ¿Por qué Dios me hizo así? ¿Habrá manera de detener esto?

Me violaron cuando tenía cinco años. Ahora tengo dieciséis y batallo con fantasías lujuriosas. Estoy segura que eso se debe a lo que me hizo aquel abusador. Siento que debo dominar a todos los hombres de mi vida. Es probable que esto tenga relación con el abuso, ¿cierto? Nunca le he contado a mi mamá lo de la violación. Después de todo, eso sucedió hace once años. ¿Por qué no me he recuperado todavía?

Voy a ser franca. Tengo impulsos sexuales fuertes y me masturbo. He tratado de dejar de hacerlo, pero me siento hipócrita diciendo que soy cristiana y luchando con esto. No sé con quién hablar. ¡Me siento tan culpable!

Mis padres se caerían de espaldas si supieran esto, pero soy hija de misioneros y soy adicta al sexo cibernético y a la pornografía. Necesito ayuda. En cambio, no puedo hablar de esto con mi mamá ni con mi papá porque sufrirían mucho. Me siento atrapada en una trampa y no puedo escapar. ¿Qué debo hacer?

Nunca he tenido relaciones sexuales, pero he tenido orgasmos con la masturbación. Ojalá que nunca lo hubiera hecho, porque es agradable y no sé cómo dejar de hacerlo. Me gusta cómo me hace sentir en lo físico. Sin embargo, no cómo me hace sentir en lo emocional: culpable y avergonzada. A veces tengo sueños eróticos. No puedo parar. ¡Ayúdenme!

He orado y orado y orado sobre algo específico en mi vida. No puedo dejarlo. Sigo masturbándome. ¿Por qué Dios no me arranca estos deseos? He tratado mucho de dejar de hacerlo, pero no puedo. Siento como si se hubiera apoderado de mi vida. Se ha convertido en un monstruo que me está comiendo viva.

Me voy a arriesgar en esto. He decidido hablar con mi mamá de mi problema con la masturbación. Se lo diré porque de veras, de veras, de veras quiero parar. Espeeero que no se lo vaya a contar al resto de la familia. ¿Será apropiado pedirle que me guarde el secreto? Mis padres siempre han dicho que en nuestra familia no hay secretos, pero quiero que ni siquiera se entere mi padre.

El año pasado mis padres me sacaron de la escuela cristiana en que estaba y me pusieron en un plan de escolarización en casa. Supongo que usted lo llamaría escolarización en casa.

Mis padres trabajan fuera, así que no es que alguien me esté enseñando en casa. Somos una computadora y yo todo el día. Me ha sido duro, porque me gusta estar entre la gente, y ahora paso ocho horas a solas cada día. Así que aquí está el punto:

Primer problema: Me siento sola.

Segundo problema: Conocí en el internet a una chica mayor y comenzamos a intercambiar mensajes.

Al principio, solo hablábamos de cosas normales de todos los días; pero luego la conversación fue cambiando poco a poco. Me dijo que estaba enamorada de mí. Yo estaba en casa sola y aburrida todo el día, y le seguí el juego. Ahora, estoy hasta el cuello.

Me está diciendo que es una esclava sexual de una mujer mayor, y está participando en fotografías pornográficas. Me está ofreciendo quinientos dólares a la semana si me les uno.

Detesto reconocerlo, pero me siento un poco tentada. Tendría amistades otra vez, y un montón de dinero también.

¿Te sorprende lo que acabas de leer? Estas son chicas de nuestras iglesias, muchachas que han participado en nuestros programas de jóvenes y en nuestros viajes misioneros. No te engañes pensando que viven en una burbuja cristiana y que están protegidas de aterradoras influencias externas y aun dentro de tu casa.

La adicción a la pornografía ya no es solo un problema de los hombres. Las jovencitas caen en ella sin querer al recorrer el internet; a veces se encuentran por accidente con esas cosas mientras buscan datos para las tareas escolares. La sensación de culpabilidad y vergüenza son casi insoportables, como lo leíste en esos correos electrónicos. Tenemos mucho que abarcar en esta sección. Hablemos un poco sobre la masturbación y, luego, sobre la pornografía y el sexo cibernético.

MASTURBACIÓN

No es solo un problema de los hombres; por los correos electrónicos que recibimos sobre el tema, las adolescentes luchan también con la masturbación, y a veces se sienten solas y culpables practicando lo que consideran su «pecado secreto». Algunas ni siquiera saben cómo expresar lo que está sucediendo, excepto que la sensación física puede convertirse en una adicción agradable que a la vez las hace sentirse mal.

Los ministros cristianos tienen diversas opiniones en este muy controvertido tema. Algunos la condenan como pecado, mientras que otros piensan que, como la Biblia no la menciona como pecado, puede que no sea tan grave como muchos piensan.

A medida que tu hija se acerca a los años hormonales de la adolescencia y empiezas a hablar con ella sobre los cambios físicos que su cuerpo está experimentando, sería una buena oportunidad de mencionar también los deseos sexuales en ciernes.

Facilita el abordar este tema algo incómodo explicando que Dios creó a todos los seres humanos como seres sexuados, y que su plan es que la satisfacción sexual se experimente en la intimidad del matrimonio.

Es natural que las adolescentes piensen en el sexo y se pregunten cómo será. Están expuestas a insinuaciones y referencias atrevidas al sexo en casi todos los programas de la televisión y las películas que ven. Es lógico que se pregunten cómo será; nuestra cultura presenta la actividad sexual como algo recreativo que todos disfrutan a menudo. Aun los adolescentes cristianos más consagrados batallan contra la tentación y el deseo de experimentar el placer sexual.

El Dr. James Dobson, un estimado psicólogo cristiano, aborda este tema que muchos consideran tabú diciendo que no hay evidencia científica de que este acto le haga daño al cuerpo.

En cuanto a las consecuencias emocionales de la masturbación, cree que solo cuatro circunstancias deben ser causa de preocupación. Estas son los sentimientos opresivos de culpabilidad (estar convencidos de que ni Dios lo podría amar por cometer tan «despreciable acto»), la obsesión con el acto, la adicción a los materiales pornográficos o cuando se lleva a la edad adulta y se convierte en un sustituto de las relaciones entre un esposo y una esposa.

Al hablar con franqueza con tu hija sobre la sexualidad humana como un don de Dios, es menos probable que se confunda ente lo que es pecado y no lo es. Anímala a que te pregunte. Contéstale con plena sinceridad. Si esto te es difícil, hay un par de libros muy buenos que pueden leer y discutir juntas:

> *Preparémonos para la adolescencia*, del Dr. James Dobson
> (disponible en librerías cristianas)
> *Bloom: A Girl's Guide to Growing Up*, editado por
> Susie Shellenberger

EL SEXO CIBERNÉTICO Y LA PORNOGRAFÍA

Quizá hayas oído el término cibersexo, pero no entiendes lo que es eso. El cibersexo consiste en que una persona participa en una conversación sexual con otra a través de la computadora. Se suele definir como «la discusión sexual y consensual en internet con el propósito de alcanzar excitación sexual o un orgasmo»[1].

Las salas de chat abundan para los chicos o las chicas adolescentes solitarios que necesitan a alguien que los escuche y los haga sentirse importantes. Parece seguro, sin riesgo de las ITS (infecciones de transmisión sexual), embarazos indeseados o sida. Es ideal para una joven solitaria con computadora, ¿cierto? A fin de cuenta, no está entregando su virginidad y nadie tiene que enterarse.

Hasta hace poco, los hombres dominaban el mundo del cibersexo en internet. Ahora las mujeres (y las adolescentes) están en línea tanto como los hombres. ¿Por qué? Las mujeres buscan relaciones... los hombres pornografía.

A una adolescente le resulta fácil justificar el cibersexo. Al fin al cabo, razonan, es sexo de mentirita. Lo malo es que muchas jóvenes pronto se vuelven adictas al sexo. La mayoría sigue considerándose pura en lo sexual porque no ha habido coito.

Te presento a Brooke. Sus padres son misioneros, y a ella le encanta hablar de su relación con Cristo. Y debido a que sintió que la amábamos y la aceptábamos, nos confesó su adicción.

«No puedo evitarlo», me dijo entre sollozos. «Me meto al cibersexo con mi computadora porque soy una adicta. Me siento deseada cuando lo hago. En cambio, después, siempre me siento sucia».

El arrepentimiento de Brooke era genuino, y confesó que estaba desesperada por romper su ciclo de pecado. Oramos con ella, la abrazamos y preparamos un plan que debía seguir. Parte del plan para que las adolescentes venzan su adicción siempre es que les revelen su secreto a sus padres. ¡Brooke tenía montones de cosas que enfrentar!

Por dicha, sus padres reaccionaron como lo hubiera hecho Jesús. La rodearon de amor y perdón, y además le establecieron reglas concretas para el uso limitado de la computadora en una parte abierta de la casa. Desarrollaron un proceso para la rendición de cuentas.

Brooke era cristiana. Era sincera en cuanto a su relación con Dios y deseaba hablarles a otros de su fe. Sin embargo, a pesar de ser cristiana, e hija de misioneros, no estuvo exenta de adicción sexual.

¿Sabes una cosa? Tu hija tampoco está exenta. Mamá, ¿serás proactiva? En vez de oír sobre las adicciones sexuales de tu hija después que se las confiese a otros, ¿podrías establecerle límites ahora mismo?

Sí, tú control sobre el uso del internet es limitado. No puedes supervisar su uso de la computadora en la escuela, ni en la biblioteca, ni en casa de una amiga. En cambio, al establecer normas firmes, y explicar el porqué de las mismas, estarás estableciendo medidas preventivas contra el uso negativo del internet. Al hablar con franqueza con tu hija de ese aspecto de tentación, estarás a la vez diciéndole que está muy bien que hable contigo al respecto.

¿CÓMO PUEDES PROTEGER A TU HIJA?

- *Sé inteligente.* No permitas que tu hija tenga una computadora en el cuarto. Mantén la computadora donde puedas observar lo que está buscando. Coloca la computadora de manera que puedas ver con facilidad la pantalla, en vez de la parte de atrás del monitor.

- *Compra un programa protector.* Muchas compañías han creado programas de fácil uso que te permiten bloquear el acceso a lugares para adultos y otros lugares inapropiados. McAfee y Norton tienen un producto llamado ChatChecker de Try Synergy. Este capta y graba en secreto los mensajes instantáneos y las conversaciones que se producen. También puedes buscar en *Netsmartz. org y I-safe.org.*

- *Establece límites.* Regula la cantidad de tiempo que tus hijos pueden pasar en la computadora cada día y, si es necesario, limita su uso a los deberes escolares. Establece pronto reglas sobre cuánto tiempo van a pasar frente a la pantalla.

- *Adviértele a tu hija sobre los peligros de navegar en internet.* A menudo, las adolescentes tropiezan sin querer con un sitio pornográfico mientras buscan otra cosa en la computadora, y al instante quedan enganchadas. Pregúntale a tu hija si alguna vez ha hallado lugares provocativos en internet. Mamá, sé la iniciadora. Inicia tú la conversación. Es poco probable que lo haga ella.

- *No dejes que tu hija haga sola los deberes escolares en la computadora. Quédate cerca, desde donde puedas monitorear sus actividades en la computadora.*

- *Revisa la historia de su exploración del internet en su computadora para ver dónde ha estado.*

Basta que tropiece sin querer con una página pornográfica para que una adolescente curiosa se sienta atraída a un sitio de pornografía y cibersexo. Repito, toma la iniciativa para proteger a tu hija de una adicción y atadura sexual que puede durarle toda la vida. Determina *ahora mismo* que vas a proteger a tu hija de esa dolorosa trampa.

Nota
1. pscharts.com/cybersex.htm.

7

Tuiteros, tuits y surf

Todas estas son palabras que se usan en las redes sociales, un mundo que los adolescentes suelen conocer mejor que sus padres. Vivimos en un mundo digital, y nuestros hijos tienen acceso a él las veinticuatro horas de cada día de la semana. En la actualidad, los adolescentes saben bastante de equipos electrónicos. La tecnología representa un papel en su aprendizaje desde sus doce o dieciocho meses de edad. Los juguetes electrónicos ayudan a los pequeñines a aprender los colores, los números y un segundo idioma mucho antes de que pongan un pie en un aula. Los teléfonos inteligentes se usan para una comunicación mucho más rápida, y hasta sirven como un instrumento de entretenimiento para mantener tranquilos a los pequeños en la iglesia o en un restaurante. Muchos preescolares son mejores en algunos de esos juegos que sus padres adultos. Aprenden qué botones pulsar y cómo conducir diminutas teclas para hallar coloridas y fascinantes figuras.

Desde temprana edad, los niños se dan cuenta que los métodos con estímulos visuales son más emocionantes que las palabras en blanco y negro de una página. Por cierto, algunas escuelas están sustituyendo los libros de texto con versiones que pueden descargar y que son menos caras y más saludables para la ecología que los libros tradicionales. El estímulo visual mantiene la atención y es muy motivador para esos pequeños aprendices.

La WWW (World Wide Web) es la llave que abrió las puertas al aprendizaje global y que con rapidez se ha convertido en un valiosísimo recurso educativo. Los libros de texto no se pueden imprimir con suficiente rapidez para mantenerse al día con la información en este mundo siempre cambiante. Como resultado, el aprendizaje por computadora y el aula virtual compartida son experiencias cotidianas para los estudiantes en el mundo entero. Se ha vuelto imperativo que tu adolescente tenga acceso al internet para completar los deberes escolares comunes. Las tareas suelen requerir el uso de computadoras y estas se encuentran a la disposición de tu hija... aun si no tienes una en la casa.

LAS ESTADÍSTICAS

Como consecuencia, introducirán a tu hija a sitios web y en redes sociales que quizá ni siquiera sabes que existen. Los estudios muestran que el uso del internet es casi universal entre los adolescentes estadounidenses. Te sorprenderá lo siguiente:

- Noventa y cinco por ciento de los muchachos de entre los doce y los diecisiete años de edad usan internet. No en balde su uso es mayor entre los adolescentes que entre los adultos.

- Setenta por ciento de los usuarios de internet que son adolescentes dice que la utiliza a diario.

- Cincuenta y tres por ciento de los adolescentes de entre catorce y diecisiete años la utilizan varias veces al día.

- La mayoría de los muchachos que tiene acceso a una computadora comienza a establecer relaciones desde los ocho años.

- A los diez años de edad no les importa subir sus creaciones personales a YouTube.

- A los trece años ya tienen sus datos personales en las redes sociales[1].

Es obvio que el internet no es una simple moda pasajera que terminará y que un día será algo del pasado. Este emocionante y sorprendente medio junta la cultura y las ideas, produce chispas de creatividad y abre puertas de oportunidad como ningún otro medio pedagógico. Sin embargo, por muy maravilloso que sea, hay aspectos en la red que han abierto un mundo mucho mayor que el mundo para el que están preparados los adolescentes.

Así como jamás se te ocurriría entregarle las llaves de tu auto a tu adolescente sin primero asegurarte de que sabe cómo operarlo y andar de manera segura por calles de mucho tráfico y por las carreteras, tu adolescente necesita que le enseñes a navegar de forma responsable en internet y todo lo que ofrece.

La verdad es que aun tus hijos más pequeños han estado más expuestos y en contacto con el mundo digital de lo que te das cuenta. Tu hija conoce muy bien cómo comunicarse en las redes sociales y todos los beneficios que ofrecen. Para tu hija es como estar con sus amigos en cualquier momento y en cualquier lugar con solo pulsar un botón. Artículos, actualizaciones de estatus, comentarios, mensajería instantánea, textos, tuits, y subir vídeos y fotos se ha vuelto parte del diario vivir de los adolescentes.

¿CÓMO ALGO TAN ASOMBROSO PUEDE SER MALO?

Hay muchas cosas positivas en tener acceso a las redes sociales. Para los estudiantes es una forma divertida de aprender, interactuar con amigos y colaborar con otros y expresar su creatividad. Y es un medio de investigación rápido y fácil de usar.

Los adolescentes de hoy en día están más adelantados en su experiencia académica global que nosotros cuanto teníamos esa edad, y esto se debe más que nada a los adelantos tecnológicos. La desventaja de tener una ilimitada ventana al mundo es que también esta les da a los adolescentes acceso a influencias malsanas, aparte de los enormes riesgos que enfrentan cuando con ingenuidad envían información personal y detallada que pueden ponerlos en peligro a ellos y a sus familiares. Hay ciertas cosas que tu hija necesita saber, cosas que *no* sabrá a menos que se las digas. Por ejemplo, averigua si tu jovencita sabe de estos peligros:

- Dar a conocer opiniones, fotos, vídeos, número del teléfono celular, dirección, nombre de la escuela a que asiste, hasta comentar acerca de futuras vacaciones de la familia, son informaciones que pasan a ser públicas y pueden causar serios problemas de seguridad para la familia. Como con cualquier experiencia nueva, los adolescentes necesitan las instrucciones y limitaciones de sus padres antes de empezar a navegar con más independencia.

- Cualquier información que publiquen queda en el ciberespacio para siempre. Aunque uno puede borrar algo, deja grabado de forma permanente algo que es accesible a los demás.

- No todos los «amigos» en línea son los que dicen ser. Muchos depredadores sexuales adultos utilizan las redes sociales y mienten diciendo que también son jóvenes para entablar «amistad» en línea. No es raro que algunos adolescentes, pensando que están hablando con alguien de su edad que tiene los mismos intereses, dan información sobre a qué escuela van, a qué eventos deportivos asisten, y aun la dirección de sus casas, a depredadores en potencia.

Lo triste es que muchas familias han tenido la mala experiencia de descubrir que a su hija la han vigilado, seguido, acosado o cosas peores por haber ofrecido demasiada información en internet.

Como madre, *tú* eres la principal guardiana y el mayor factor de influencia en el acceso de tu adolescente al internet. *Tienes* la responsabilidad de mantener la seguridad de tu hija. Para hacerlo, tienes que conocer bien cuáles son los peligros potenciales y qué puede ayudarte a monitorear el uso que ella hace del internet.

Publiqué una foto de mi novio y yo en una fiesta bebiendo de unas botellas. Ninguno de los dos bebe, pero pensé que sería gracioso porque parecía que bebíamos cerveza. Ahora ninguno de los padres de los muchachos del grupo de jóvenes deja que sus hijos anden con nosotros porque piensan que bebemos. ¡Fue solo una broma!

Estaba en un viaje de la escuela y me quedé dormida en el ómnibus. Alguien retó a uno de los chicos a sentarse junto a mí y posar en una forma no muy buena. La foto fue a parar a Twitter y Facebook. Me siento avergonzada. ¿Qué hago ahora?

Como una broma le tomé una foto a una muchacha enorme en el vestuario después de las clases de gimnasia. Se estaba cambiando de ropa, pero no estaba desnuda. Se la envié a una sola amiga, pero ahora anda por toda la escuela, y me siento horrible. Ella no ha venido a la escuela en tres días. Nunca pensé que se armaría este lío. Solo se la mandé a mi novio.

Sin querer, oí que una muchacha muy popular de nuestra escuela le decía a otra que alguien le gustaba. Más tarde escribí en mi blog: «No puedo creer que Tori esté enamorada de Caleb». Eso fue solo una parte de un blog largo que yo escribo y que casi nadie lee. Es decir, fue algo que se me ocurrió escribir en un último momento o algo así. Ahora Tori y las otras muchachas se han unido para escribir cosas terribles sobre mí, y nada de lo que dicen es verdad. No debí haber escrito eso. Sin embargo, el blog no fue sobre Tori. Fue solo UNA ORACIÓN entre varios párrafos. ¡No me traten tan duro! No puedo creer que la vida se me fuera a complicar por una simple oración. ¡Cielos!

¿Es hora de respirar profundo?

Si estás a punto de entrar en pánico ahora mismo, ¡no eres la única! Al fin y al cabo, no te criaron en el mismo mundo digital en el que se crio tu hija, pero no te preocupes: ¡aquí estamos para ayudarte!

TODO EL PANORAMA

La mayoría de los adolescentes no mira lo suficiente al futuro para ver todo el panorama. Su mundo es lo inmediato.

Ahora mismo

es

todo

lo

que

importa.

Por lo general, a los adolescentes les cuesta mirar más allá de la gran prueba de mañana o la fiesta de la semana siguiente para la que no recibieron invitación. Aunque son más expertos en cuestiones tecnológicas de lo que lo éramos nosotras a su edad, tenemos que recordar que la experiencia que tienen es limitada y que el presente los consume con facilidad. Encajar bien, mantenerse al día con sus amigos y tener notas altas en el «genialicímetro» es lo primero y quizá lo único que tienen en mente. Esa es una de las razones por la que Dios les dio padres: para enseñarles a mirar más allá del momento y actuar con responsabilidad al tomar decisiones. Tienen que entender que lo que decidan puede tener buenas y malas consecuencias duraderas.

Las curiosas e impulsivas mentes jóvenes necesitan y merecen una orientación protectora antes de adentrarse en el mundo inmenso y desconocido de la WWW (World Wide Web). No explicarle a tu hija los peligros, y también las ventajas, de los últimos artefactos electrónicos sería como entregarle las llaves de un auto sin enseñarla a conducir.

REDES SOCIALES BÁSICAS

Como madre, debes estar al tanto y siempre al día con los nuevos avances de la tecnología. Hablando sin rodeos, necesitas saber más que tus adolescentes, y ellos saben muchísimo. Por ejemplo, aquí tienes algunos «sabías tú» para ver lo que sabes de las redes sociales.

1. ¿Sabías tú... que la privacidad y las cuestiones de seguridad van más allá del acoso cibernético y la excesiva divulgación de información personal?

El internet es el lugar perfecto para que una adolescente tímida o impopular se reconstruya a sí misma para ser más provocativa y extravertida, y adoptar una identidad nueva por completo. Para una adolescente tímida es más fácil conversar en línea que cara a cara, donde hay más posibilidades de que se burlen de ella o la avergüencen. Si no te gusta la vida real, el internet es el lugar perfecto para crear otra.

2. ¿Sabías tú... que si tu hija tiene un teléfono celular con GPS (un sistema de navegación que les permite a sus usuarios en tierra, mar o aire determinar la posición exacta en que están), sus mensajes de texto y publicaciones en línea hechos por teléfono pueden rastrearse y ver la dirección exacta en que está? Los depredadores sexuales saben bien esto y a menudo lo aprovechan para seguir a una menor que solo está «conversando con amigos» en línea.

3. ¿Sabías tú... que los comerciantes buscan información sobre tus hijos en las actividades de estos en internet y luego preparan la publicidad con ellos en mente? Saben que los adolescentes traen dinero en el bolsillo y están buscando formas de gastarlo. Se gastan millones de dólares al año en alcanzar a los consumidores jóvenes ansiosos de obtener lo último y lo mejor... solo para que los acepten sus pares.

4. ¿Sabías tú... que muchas universidades han contratado profesionales para que investiguen lo que sus candidatos a estudiantes han revelado en internet. Con bases de datos como los de *Wayback Machine* y *MyLife* es fácil encontrar informaciones personales y revisar páginas de las redes sociales que contienen comentarios, fotos, vídeos, intereses, pasatiempos, amigos, etc.

No es poco común que los estudiantes pierdan posibles becas o que se les niegue la entrada a la universidad en la que querían estudiar por un cuestionable material que pusieron en Facebook o en otras salas de chat durante sus años de adolescencia.

Seamos sinceras. ¿Cómo saliste en el pequeño cuestionario? Si sabías de los cuatro posibles peligros que acabamos de mencionar, ¡magnífico, madre! Ya lo sabes y estás haciendo un buen trabajo, pues estás al tanto de los peligros que se corren cuando se utiliza el internet.

Si lo que leíste te sorprendió, y no tenías idea de que tu hija pudiera sufrir las consecuencias descritas, estás donde debes estar en el momento en que debes estar. Queremos darte un curso acelerado sobre el mundo de las redes sociales. Hay ciertas cosas que los padres deben hacer para proteger a sus crédulos adolescentes de los peligros del internet.

AYUDA PARA PADRES QUE ANDAN PERDIDOS EN EL CIBERESPACIO

Antes de que tomes un martillo y destroces la computadora por desesperación, aquí tienes algunas cosas que necesitan conocer los padres que no saben mucho de computadoras:

- Hay sitios de redes sociales de buena reputación que ofrecen control de la privacidad de los adolescentes.

- Algunos sitios requieren que el usuario tenga por lo menos trece años de edad para crear un perfil, pero no son infalibles. Los jóvenes pueden mentir y establecer una cuenta de todos modos.

- Aun cuando se controla la privacidad, no hay garantía alguna de total privacidad; cualquier cosa puede recortarse, insertarse, reescribirse y enviarse a una «amistad» que pudiera causar algún drama.

La realidad es que decirle a tu hija que no puede tener acceso a las redes sociales hasta que se case no va a eliminar el conflicto que provoca el asunto. Prohibirle que visite el internet es una batalla que no vas a ganar. De todas maneras, puede entrar al internet en la escuela, en la biblioteca o en casa de alguna amiga. Entonces, ¿cómo puedes proteger a la futura adulta en tu casa de los peligros potenciales de tener un perfil en internet?

- Habla con tu hija de la naturaleza del mundo digital *antes* de que le entregues el primer celular, una computadora portátil o una tableta. Recuérdale que tener acceso al internet sin supervisión es un privilegio, no un derecho. Con ese derecho viene la responsabilidad personal, y si se usa mal, se puede eliminar ese privilegio.

  Nota: Primera regla de los padres: Si amenazas con cancelar un privilegio, debes cumplirlo; y ese cumplimiento solo se hará efectivo si el castigo encaja con la violación. En otras palabras, amenazar con quitarle todos los privilegios en cuanto al uso de la computadora durante todo un año no es realista. Ella tendrá que hacer sus deberes escolares y tú te habrás castigado a ti misma y también a un estudiante reprobado. Un mes sin usar la computadora para cosas de la escuela es una eternidad para tu chica tan sociable. Cumple con lo que dijiste que harías, pero sé justa.

- Enséñale a pensar bien antes de publicarlo. Una vez que aprieta el botón de enviar, ya no hay marcha atrás. Una vez que algo se envía, ahí está para que todos lo vean. Recuerda: ¡el ciberespacio es para siempre!

- Ayuda a tu hija a establecer una configuración de privacidad en la red. Aun cuando estas no sean del todo infalibles, son importantes. Dedica tiempo a aprender y a enseñar a tu hija cómo controlar su privacidad cuando esté en línea.

- Establece algunas normas y directrices con relación a las actividades en internet adecuadas para su edad. Pudieras requerirle que te dé su información y su contraseña para entrar a su sitio. Esto te dará acceso para ver lo que está publicando y cómo son sus amigos.

- Si tú misma no participas en las redes sociales, al menos familiarízate con los diferentes sitios y cómo funcionan.

- Utiliza el control paterno y otros recursos que te proporciona la internet para ayudar a monitorear, manejar y restringir (si es necesario) la actividad en la red de tu hija.

- Acuérdate: *tú eres la madre.* Eso te convierte en la guardiana legal de tus hijos menores y responsable de cualquier conducta ilegal en la que puedan estar participando. Revisa de vez en cuando el historial de tu hija en internet para ver los sitios que visitó. Si borró el historial, averigua por qué no quería que tú lo vieras.

¿QUÉ ES LO MÁS IMPORTANTE?

Recuerda, como padres, tienen el derecho y la *responsabilidad* de supervisar y tener el control del internet y la actividad telefónica de sus hijos. Las expectativas deben tenerse clara para que no exista confusión alguna en cuanto a lo que es el uso adecuado de los recursos de comunicación y lo que no lo es. Hay que proteger la reputación y el carácter de la familia... sobre todo como seguidores de Cristo.

Las adolescentes tienen que saber que los comentarios ordinarios, las obscenidades y hasta una foto con una botella de cerveza en la mano puede ser un error costoso que arruine su reputación y el carácter de su familia. Si tu hija dice ser *seguidora* de Cristo, ayúdala a concentrarse más en ser como Cristo que en seguir las tendencias de su cultura juvenil. La culpa y la vergüenza son el resultado de una curiosidad imprudente que puede conducirla a toda una vida de vicios que la alejan de su relación con Dios.

Aquí tienes un excelente versículo para que lo memoricen como familia: «Por último, hermanos, consideren bien todo lo verdadero, todo lo respetable, todo lo justo, todo lo puro, todo lo amable, todo lo digno de admiración, en fin, todo lo que sea excelente o merezca elogio» (Filipenses 4:8).

No olviden, padres, que ustedes todavía son los que mandan. Recuerden que los límites son para *protección*. Sus adolescentes necesitan protección. Permitan que sus hijos sepan que están reflejando a Cristo en la utilización de las redes sociales, y que ustedes los aman tanto que establecen los límites adecuados para toda la familia.

ENTÉRATE DEL CÓDIGO[2]

¿Parecen estar en otro idioma los mensajes de texto? ¡Pues sí! Para que te des una idea, aquí tienes algunas de las abreviaturas comunes que usan los adolescentes en sus mensajes de texto.

plos = parent looking over shoulder (padre mirando por encima del hombro)
ctn = can't talk now (no puedo hablar ahora)
ttyl = talk to you later (te hablo después)
ttfn= ta-ta for now (adiós por ahora)
kotl = kiss on the lips (beso en los labios)
kpc = keeping parents clueless (mantener despistados a los padres)
nmu = not much, you? (no mucho, ¿y tú?)
p911 = parent alert (alerta padre cerca)
pir = parent in room (padre en el cuarto)
paw = parents are watching (padres están observando)
sorg = straight or gay? (¿gay o no gay?)
ru/18 = are you over 18? (¿tienes más de 18?)
wyrn = what's your real name? (¿cuál es tu verdadero nombre?)
pron = porn (porno)
tdtm = talk dirty to me (dime cochinadas)
iwsn = I want sex now (quiero sexo ahora)
f2f = face to face (cara a cara)
nifoc = naked in front of computer (desnuda ante computadora)
143 = I love you (te amo)
182 = I hate you (te odio)
420 = mariguana
c-p = sleepy (tengo sueño)

Nota
1. http://pewinternet.org/Reports/2011/Teens-and-social-media/Part-1/internet-adoption.aspx
2. Nota de la Editorial: Aunque los adolescentes anglohablantes usan códigos como estos, muchos jóvenes hispanohablantes los utilizan también.

8

Problemas familiares

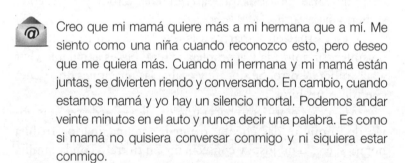

Creo que mi mamá quiere más a mi hermana que a mí. Me siento como una niña cuando reconozco esto, pero deseo que me quiera más. Cuando mi hermana y mi mamá están juntas, se divierten riendo y conversando. En cambio, cuando estamos mamá y yo hay un silencio mortal. Podemos andar veinte minutos en el auto y nunca decir una palabra. Es como si mamá no quisiera conversar conmigo y ni siquiera estar conmigo.

¡Se ve a la legua que mi mamá favorece a mi hermano! Hasta otras personas me lo han dicho. No entiendo por qué mi mamá hace eso. Hace que mi hermana y yo sintamos que no damos la talla. Mi hermano nunca tiene que hacer nada en la casa, y siempre se sale con la suya en todas las cosas. ¿No debiera haber algo de igualdad en cuanto a las tareas? ¿Y no debieran amarnos parejo?

Todo el mundo me compara con mi hermana mayor, y ya estoy cansada de eso. Cada cosa que toca se convierte en oro. Puede tocar el piano y la guitarra, y es buena en la pista. También tiene montones de amigos y saca buenas notas. Yo soy tímida y muy buena para nada. ¿Qué puedo hacer para que la gente note que yo también soy especial?

 No puedo evitar compararme con mi preciosa hermana que es popular, inteligente, tiene mucha personalidad y anda muy a la moda. De veras que me esfuerzo mucho para no estar celosa, pero es como vivir con una muñequita Barbie. Ella acapara toda la atención. Nadie se fija en mí cuando andamos juntas. ¿Por qué Dios no me dio alguna de esas cosas buenas?

Mamá, aquí tienes una oportunidad perfecta para ayudar a levantar la quebrantada autoestima de tu hija. Le es difícil dejar de compararse con otras que parecen tenerlo todo y, *en especial*, su hermana.

Si esta situación se parece a la que impera en tu familia, sé sensible a tu dolorida y acomplejada hija. No es agradable vivir a la sombra de otro. Sé sincera y evalúa las relaciones que tienes con todos tus hijos.

¿Muestras favoritismo hacia uno de ellos? Puede ser más obvio de lo que te das cuenta, o puede ser imaginario. Tu hija notará si eres o no justa y consecuente en tu trato con la familia entera.

Dedícale especial cuidado a ayudar a tu hija a descubrir sus dones. Dios nos ha hecho únicos. Todos tenemos talentos; algunos quizá no sean tan obvios como otros.

Tu hija necesita que le expresen reconocimiento por las cosas que hace bien. Estas pueden ser escribir, coser o pintar. Quizá tenga un corazón tierno hacia los niños o los ancianos.

Recuerdo (Susie) el día en que conocí a la madre Teresa en un viaje a la India. En lo externo no podía considerársele una persona bella; sin duda, no era una muñeca Barbie. Sin embargo, creo que es la persona más bella que he conocido. No pude dejar de notar su sencillo sari (vestido con que se envuelven las mujeres de la India), de los cuales solo tenía tres; sus viejas y desgastadas sandalias y sus dedos nudosos.

La madre Teresa había desarrollado un estilo de vida con el que ayudaba, daba y servía a los pobres. Vivía para los indigentes y los moribundos. Era la personificación del amor de Jesús ante los que la rodeaban. Sus dones, de ayudar, servir y amar, no llevan a nadie a aparecer en la portada de una revista ni lo convierten a uno en una estrella. Sin embargo, a la madre Teresa se le conocía en el mundo entero. Al chasquido de un dedo, me imagino que podría haber movido a una audiencia de reyes, presidentes o dictadores. ¿Sabes qué? ¡Tu hija puede tener también esos dones!

Madre, si tu hija se queda corta cuando se compara con su hermana, recuérdale con cariño que la verdadera belleza es la que brota del corazón. Háblale de la madre Teresa. Lean y comenten su biografía.

Consideren también leer juntas Proverbios 31 y comenten la descripción bíblica de una mujer ejemplar. La «bonita» se lava con agua y jabón; la «belleza» viene de adentro.

 Mi familia necesita sus oraciones. No nos estamos hablando, ¡y somos cristianos!

 Mi mamá y mi papá se divorciaron. Mamá está a punto de volver a casarse, ¡y quiere tener otro bebé! Su nuevo matrimonio es ya una transición bastante grande sin añadirle otro miembro a la familia mixta. Me siento dolida y confundida, y no sé qué hacer.

 Mi mamá es brusca con la gente y me avergüenza. Ya no la respeto. Sé que la voluntad de Dios es que honremos a nuestros padres, ¿pero cómo me va a ser posible honrarla si es tan mala con la gente? ¡Ni siquiera quiero que me vean con ella!

Daría cualquier cosa por poder conversar con mi mamá, pero cada vez que le cuento algo personal, salgo mal parada. Si le confieso que me estoy enamorando de un joven, me lanza una descarga sobre lo malo que es eso. Estoy cansada de sus sermones, por lo que he decidido no decirle nunca nada.

 Mi mamá y yo no tenemos nada en común. Casi nos oponemos en todo, y siempre estamos peleando. Como soy hija adoptiva, mis amigos no me entienden tampoco. ¡No puedo hablar con nadie!

 Me encanta la ropa de moda, pero a mi mamá no. Por eso no me deja usar nada de las cosas que de veras me gustan. No estamos de acuerdo en nada, y casi no podemos hablar sin armar un pleito.

 Mi hermana y yo podríamos hacer las mismas cosas, ¿pero sabes quién se mete en problema? A mí me ponen de castigo, pero a mi hermana no. Mamá siempre parece estar enojada conmigo. Me gustaría que me dijera algo cuando he hecho algo bueno, o que me dijera que soy talentosa o que me ama.

 ¿Cómo puedo decirles con todo respeto a mis padres que no se metan en mis cosas? ¡Quieren saberlo todo! Nuestras conversaciones no son más que un montón de preguntas que me hacen. Si estoy hablando por teléfono, tienen que saber con quién estoy hablando y de qué estamos hablando. ¿No puedo tener nada en privado? No estoy haciendo nada malo.

 Mis padres piensan que los adultos siempre tienen la razón, así que no reconocen sus errores y no discuten nada conmigo. ¡Lo que ellos dicen es lo que vale! ¡Lo detesto! ¡Qué injustos son! ¿Por qué no reconocerán que no son perfectos? Yo me franquearía más con ellos si fueran más auténticos.

Mi madre nunca me anima. Hoy comenzó a gritarme y me encerré en el baño. Estoy bajo mucha presión. He tratado de decirle a mi familia que no siento que me aman, pero no me escuchan. ¿Qué puedo hacer?

 Mi mamá y su nuevo novio siempre están peleando. Temo que le vaya a hacer daño. ¿Qué debo hacer?

 Siempre he oído que el matrimonio es sagrado, que pertenece a Dios, y que los esposos y las esposas deben tratarse con respeto. Mis padres pelean, y son peleas fuertes. Han ido a consejería, pero no ha habido resultado. I le comenzado a pensar que no quiero casarme.

 ¿Cuándo es adecuado dejar de obedecer a mis padres? Tengo dieciocho años y termino el bachillerato en dos meses. No los voy a desobedecer por desobedecerlos. Estoy hablando de cosas en las que no estamos de acuerdo. Pienso que ya puedo tomar mis propias decisiones.

 Mi hermana quedó embarazada antes de terminar el bachillerato. Aunque no somos del todo iguales, mis padres temen que me suceda lo mismo. ¿Por qué debo sufrir por los errores de mi hermana?

 Mi hermano ha perturbado a toda mi familia. Me insulta y está metido en diferentes tipos de problemas. Consume drogas, fuma y nos amenaza a mi familia y a mí. He comenzado a ODIARLO. Nunca nos alcanza el dinero para lo que necesitamos porque lo gastamos en él. ¡No creo que sea justo! Yo me esfuerzo por sacar buenas notas, tomo buenas decisiones y nunca causo ningún problema. ¿Por qué debo sufrir por los problemas que ocasiona mi hermano?

Las familias vienen en todas formas y tamaños con todo tipo de dinámicas muy propias. No es poco común que una niña emotiva y hormonal vea a sus padres como irracionales e injustos.

Nos damos cuenta de los dos extremos: (1) «A mis padres no les importo y están demasiado ocupados para participar en mi vida», y (2) «Mis padres son sobreprotectores, irrazonables y tienen expectativas nada realistas».

Muy bien pudiera ser que algunos de esos mensajes que recibimos sean exageraciones de adolescentes que se sentían solas y estaban enojadas. Sin embargo, es también importarte pensar que quizá sus padres fueran tercos e injustos con sus adolescentes, o que una hermana o un hermano fuera abusivo de palabras o de manera física.

En cada familia debe haber la norma absoluta de que hay que tratarse con respeto... sin excepciones ni excusas. Nunca es apropiado reírse a expensas de otro, y menos dentro de la familia. Todos los miembros de la familia deben sentirse seguros y valorados en su casa.

¿CUÁL ES LA POSICIÓN DE LA FAMILIA?

Hazte algunas preguntas difíciles y respóndelas con sinceridad una por una:

- ¿Es mi hogar un lugar donde se alienta a mi hija a expresar sus opiniones, preferencias y sentimientos, o es más bien una dictadura donde los padres siempre tienen la razón y no se permite cuestionarlos?

- ¿Tiene mi hija permiso para descubrir la singularidad con que la creó Dios, o pienso que sé lo que más le conviene y lo que debe llegar a ser?

- ¿Dicto yo en qué deportes, actividades y clubes debe participar mi hija?

- ¿Tenemos una política de puertas abiertas en nuestra familia? ¿He alentado a mi hija a que hable conmigo de cualquier problema o preocupación sin temor de que la desprecie o me eche a reír?

- ¿Tengo un hijo preferido al que trato diferente a como trato a los demás?

- ¿Invita mi hija a sus amigas a venir a casa, o prefiere ir a la casa de otra persona donde no se siente tensa?

- ¿Son saludables las relaciones en nuestra casa, o tenemos secretos que ocultamos del mundo exterior?

- ¿Se toleran en nuestra casa los abusos físicos, verbales o emocionales?

- ¿Tenemos reglas innecesarias? ¿Hay cuestiones en las que podemos ser algo flexibles y seguir manteniendo nuestros límites y normas personales?

- ¿Teme mi hija hablarme de cuestiones personales? Si es así, ¿por qué? ¿Qué puedo hacer para que le sea fácil acercarse a mí cuando necesite hablar con alguien?

Nuestras familias dan forma a lo que somos y lo que pensamos de nosotros. Un hogar saludable donde todos se aman y tratan como iguales producirá hijos que se sienten seguros y son estables en lo emocional. Por otro lado, los hogares disfuncionales producen hijos inseguros y enojadizos que tienden a simular o a convertirse en adultos emocionalmente incapacitados.

Quizá fueras una de esas niñas dolidas que no recibió amor y atención mientras crecían. ¡Lo *bueno* es que no tienes que criar así a tus hijos! Puedes salir del molde y tener un nuevo comienzo con tu propia familia. No tienes que andar cojeando, impedida por tus emociones dañadas en el hogar disfuncional de tu niñez.

Quizá necesites ayuda, pero el desenterrar los recuerdos dolorosos puede ayudarte a vencer tu difícil pasado y convertirte en una mejor madre para tu hija.

9

«En cuanto a papá...»

¡Mi papá nunca me ha dicho que me ama! Nunca me ha dado un abrazo, ¡y eso duele mucho! Veo que los padres de mis amigas las tratan muy bien y conversan con ellas, y eso me hace llorar. *¡Cuánto quisiera eso! ¿Por qué no me querrá?*

Mi mamá nunca me habla de mi padre, y no lo veo desde que era bien pequeña. No tengo idea de quién es y no sé nada de él. No sé cómo decirle a mi mamá que quiero verlo. No quiero herirla, pero no sé lo que sucedió ni por qué no tengo un padre.

Papá trata de ser agradable ante mis amistades, y al hacerlo termina avergonzándome. No quiero ofenderlo y decirle que me da pena estar a su lado en público, pero sus chistes y el querer ser simpático a veces ha dado malísimos resultados.

Mi mamá y mi papá se divorciaron cuando yo tenía dos años. Mi papá tuvo una amante, y no sé si podré perdonarlo. Jamás llama para hablar conmigo ni con mi hermana. Una vez me llamó para decirme que tenía otro hijo. Cuando me llamó esa vez, era un día antes de mi cumpleaños, ¡y ni siquiera lo mencionó! De veras, eso duele mucho.

Hace poco supe que ahora tiene cuatro hijos. Me gustaría verlo más a menudo, y hasta quisiera aprender a perdonarlo, ¿pero cómo?

 Cada vez que miro a mi papá, me acuerdo de un incidente que me contaron que sucedió entre él y una de sus compañeras de trabajo. Tenía que ver con pornografía en internet. Quiero perdonarlo, pero no puedo olvidar el caso. ¿Qué debo hacer?

 Mi papá y yo no tenemos buenas relaciones. Él se lleva muy bien con mi hermana y mi hermano, pero es muy diferente conmigo. He tratado con desesperación de relacionarme con él, pero nada me ha dado resultado. Pienso que esto está afectando mis relaciones con todos los muchachos.

 Me siento muy incómoda cuando mi papá me mira. Así que, me pregunto: ¿Puede un padre sentirse excitado físicamente viendo a su hija en traje de baño o con una camisa apretada?

 Mi papá siempre está abrazándome y besándome. Eso me molesta porque ya no tengo diez años. ¿Cómo le digo que eso ya no me gusta? Está actuando como si yo fuera una niñita.

 Mi papá piensa que todo el mundo está equivocado, y que él siempre tiene la razón. Si alguien de la familia trata de contradecirlo, le grita. Siempre se queja de lo irrespetuosos que somos y cómo no apreciamos nada. Eso duele. ¿Por qué será tan terco?

 Mi papá dice que es cristiano, pero se enfurece a veces y pierde el dominio propio. Es malo con mi hermanita. Anoche lo oí gritándole, y ella de veras no había hecho nada malo.

Le dio una patada al otro lado de la habitación que le dejó un enorme moratón. Hasta dijo que si mi mamá moría, iba a matar a mi hermana. Así de enojado estaba. Mi mamá dice que si no fuera por nosotros sus hijos, quizá ya estuvieran divorciados.

¡Decir que mi padre y yo no nos llevamos bien es quedarse corto! Se enoja por las cosas más pequeñas. Por ejemplo, me grita y me dice que estoy bebiendo demasiado jugo de manzana, o se enoja si me olvido de guardar mis calcetines. De seguro que mo podría decir las cosas de una manera más agradable, pero cuando no lo hace, parece que no puedo callarme, y entonces me dice que soy malcriada. Sé que la Biblia dice que debemos obedecer y respetar a los padres, ¡pero es muy difícil! ¿Qué debo hacer?

A veces quisiera irme de la casa y no regresar más. Mi papá no es cristiano. Dice malas palabras y casi siempre está borracho. Acabo de verlo ir por el pasillo y casi no podía caminar. ¡Cómo me molesta! No quiere ni hablar ni oír hablar de Dios.

Cualquier interacción con mi padre es muy incómoda. No le tengo mucho respeto; nunca podemos tener una conversación normal. Es muy rudo y brusco. Le he pedido perdón porque sé que es algo de parte y parte, pero las cosas mejoraron solo una semana. ¿Cree usted que Dios ha dejado de contestar mis oraciones porque le falté al respeto a mi papá?

Como mi mamá y mi papá están divorciados, tengo que viajar al otro lado del estado para ver a papá dos veces al mes. Nunca actúa como si quisiera verme, y su apartamento está bien desordenado y sucio. Prefiero no volver a visitarlo.

Mi papá nunca tiene tiempo para la familia. Trabaja tanto que jamás podemos jugar a nada ni estar juntos como otras familias. Está trabajando horas extras porque quiere comprarse un auto nuevo. Preferiría que pasara más tiempo conmigo en lugar de que tenga un automóvil nuevo. No dejo de pensar que pronto ya seré grande y no estaré mucho tiempo por aquí. ¿Me echará de menos?

 No creo que mi papá se preocupe por nada que no sea él mismo. Es rudo, temperamental y nunca le pregunta al resto de nosotros lo que queremos hacer ni dónde queremos ir. Es siempre lo que él diga. Ahora soy yo la que no quiere ir a ninguna parte con mi familia. No es divertido. Tengo que vivir con él otros cuatro años hasta que me vaya de casa.

 Mi papá es diácono de la iglesia y mientras está allí, actúa como el cristiano perfecto. Sin embargo, en casa es otra persona. Le grita a mi mamá y nos trata a mis hermanos y a mí como si le fuéramos un estorbo. ¿No aborrece Dios a los hipócritas?

 Mi papá murió hace un par de años, y nos dejó solos a mi madre, a mi hermana y a mí. Lo extraño muchísimo. Era un buen papá. Sé que me amaba, y no puedo evitar sentirme muy triste porque nos dejó. Mi madre está saliendo ahora con un tipo que no me gusta, y temo que se case con él. Nunca será mi papá.

 Tengo catorce años, y mi papá murió cuando yo tenía diez años. Mi mamá se volvió a casar, y quiero mucho a mi padrastro y a mis nuevos hermanos y hermana. ¿Sería malo que lo llamara papá? Esto me molesta porque quiero hacerlo, pero cuando lo hago, me siento mal. Y cuando no lo hago me siento mal. ¿Qué debo hacer? ¿Está mal que le diga papá a otra persona?

Toda jovencita sueña con el día de su boda y el apuesto joven con el que se va a casar, su príncipe azul. Lo triste es que muchas de las jóvenes que escribieron estos correos electrónicos han dejado de soñar con hallar un esposo que las ame y les dé cariño, como en los libros de cuentos.

Les perdieron el respeto a los hombres porque el hombre de sus jóvenes vidas, su padre, les falló. Con las esperanzas frustradas de un «felices para siempre», algunas no quieren casarse si todo va a ser como lo que vieron en su casa.

Esos hombres no se imaginan el poder que su conducta ejerce sobre el tierno corazón de esas jovencitas. Sentir que sus padres las aman o no las aman esculpe la manera en que una muchacha se ve a sí misma y a los hombres en general. Es probable que modele también la forma en que ve a Dios, su Padre celestial.

Si su padre terrenal es brusco y nada amoroso, ve a Dios de la misma manera. Si el padre es malo y despiadado, Dios debe serlo también. Si es poco confiable, Dios debe ser igual. Si maltrata a la esposa, ¿cómo la hija va a querer casarse?

Los padres tienen la enorme responsabilidad de ser modelos de una conducta cristiana. Jesús nos dio el ejemplo de dirigir sirviendo. Fue tierno y compasivo, y a la vez fuerte y firme, nunca inconsecuente. Trató a las mujeres con respeto, y las elevó a un nivel social superior al que se les permitía en la cultura de esa época. Les enseñaba a sus seguidores con el ejemplo.

No hay familias perfectas, pero hemos visto la diferencia entre las familias guiadas por un hombre de principios cristianos y cariñoso y la que no lo son. Es aleccionador.

Resulta irónico. Hay muchos hombres que no son cristianos y son padres *maravillosos* que aman y cuidan y protegen a sus familias de una forma hermosa. Y hay muchos que dicen ser seguidores de Cristo y, por una razón u otra, tienen problemas y no saben cómo amar a sus familias.

Lo que queremos que estas sufridas y desilusionadas hijas sepan es que por muy decepcionadas que estén de sus padres terrenales, tienen un *Padre celestial* que está loco por ellas y que removerá cielo y tierra si es necesario para atraerlas.

Si sabes de una jovencita que nunca ha conocido el amor de un padre de la forma en que Dios quería que lo conociera, como ella lo anhela, hay que presentarle al Padre celestial, el que nunca las dejará ni las maltratará. Tú puedes ser la persona que le lleve sanidad a esa joven con el corazón herido.

LLÉVATELA A LA CASA

¿Qué me dices de tu propia hija? ¿Ves en ella una tristeza que tiene una «forma de papá» en su corazón? Si es así, pídele a Dios en oración que te muestre cómo cerrar la brecha entre ella y su padre. Si él todavía está contigo, quizá ni se dé cuenta de lo que su desapego afectivo le esté causando a su hija.

Si ya no está en la casa y tu hija raras veces lo ve, reasegúrale que no todos los hombres le parten el corazón a las que los aman. Y lo que es más importante, asegúrale que Dios, su Padre celestial, nunca la abandonará. Traten de memorizar juntas Hebreos 13:5, y repítanlo a menudo: «Manténganse libres del amor al dinero, y conténtense con lo que tienen, porque Dios ha dicho: "Nunca te dejaré; jamás te abandonaré"».

El abandono o el maltrato del padre dejan una honda cicatriz en el corazón de una jovencita. Se suponía que fuera su protector, el que satisficiera sus necesidades físicas y emocionales.

La forma en que una joven se relacione con el padre dará forma a sus sentimientos en cuanto a todos los hombres. Si el padre las abandona a ella y a su familia por otra mujer, le podrá serle difícil confiar en cualquier hombre que le brinde su amor. En el fondo, pudiera batallar con pensamientos tales como: *También te va a dejar* o *Nunca serás lo suficiente buena para mantener su atención. Tienes que ser más delgada, más inteligente y más bonita. Nunca darás la talla.*

Madre, tú puedes representar un papel importante en cuanto a ayudar a tu hija a hacerle frente al abandono cuando no hay un padre en el hogar. ¿Cómo? Con tus actitudes ante él.

Hazte estas preguntas:

* *¿Hablas mal de su padre, describiéndolo como un perdedor, un borracho o un bueno para nada?* Si lo haces, ¡BASTA YA! Estás acrecentando su dolor. Trata más bien de decirle *algo* positivo sobre él para que se aferre a eso aunque sea en sus sueños.

* *¿Lo culpas a viva voz de tus problemas y dificultades económicas?* ¿En qué la ayuda eso? Búscate a alguna adulta con quien ventilar tus frustraciones; no se las arrojes a tus hijos. Ellos no tienen la culpa.

* *¿Sabe tu hija que el abandono o el divorcio no fue culpa de ella?* Pudieras dar por sentado que lo sabe, pero los menores tienen cierta forma de interiorizar sentimientos de culpa por las peleas de sus padres. Aun si el padre no pudo lidiar con la responsabilidad que implica la paternidad, ella necesita que le digas que el problema fue de *él*, no de ella. Díselo.

No temas buscar la ayuda de un pastor o consejero cristiano profesional que pueda ayudar a tu hija a enfrentar el dolor que le produjo la falta de una figura paterna saludable en su vida. Lidiar con eso mientras se es joven le ahorrará años de dolor y puede hasta salvar su futuro matrimonio.

PADRES DE CALIDAD

No se necesita ser un científico espacial para ser un buen padre. Si tu esposo está en casa, dile que *cualquier cosa* positiva que haga será un aliento para su hija. Quizá no lo reconozca, o quizá no se dé cuenta de lo importante que pueden ser las cosas pequeñas, pero cualquier *pequeña* acción suya puede ser determinante.

He aquí algunas de las formas en que mi padre (de Susie) ha marcado una diferencia en mi vida:

- *Está orgulloso de mí.* Lo sé porque me lo dice a menudo. Me lo dijo cuando yo era niña, y me lo sigue diciendo ahora que soy adulta. Casi no hay conversación telefónica en la que no termine diciéndome: «Estoy muy orgulloso de ti, Susie. Dios ha sido fiel, ¿no es cierto?». ¡No puedo expresar la increíble seguridad que eso me hace sentir! Saber que mi papá está orgulloso de mí me hace sentir confiada y deseosa de esforzarme más.

- *Me ama.* Lo sé porque me lo dice *y* me lo demuestra a menudo. Me lo decía y me lo demostraba cuando era pequeña, y sigue haciéndolo y demostrándomelo ahora que soy adulta. Aun hoy en día, cuando hablamos por larga distancia, siempre me dice que me ama. Me lo dice, me lo escribe en tarjetas, me lo dice por correo electrónico. Hace lo que tenga que hacer para asegurarse de que su hija sea consciente de su gran amor. Sin embargo, no son simples palabras. También me lo ha *demostrado* siempre.

El año pasado nos mudamos a una nueva casa, y ocho meses después todavía tenía el garaje lleno de cajas. Estaba tan lleno que no podía entrar. Mi papá, de ochenta y tres años que ya tuvo un reemplazo de rodilla y estaba esperando un segundo reemplazo, condujo hasta Colorado en un fin de semana largo para ordenar, organizar y limpiarme el garaje. Le pedí que no viniera. No me cabía en la cabeza que viniera a trabajar tan fuerte para mí. «Papá, mi agenda de viajes va a ir decreciendo», le dije. «Y cuando pueda pasar un par de fines de semanas en casa, yo lo haré». En cambio, él conocía mi agenda y sabía que pasaría bastante tiempo antes de que disminuyera mi agenda de viajes.

Papá trabajó, limpió, organizó, construyó estantes, volvió a arreglar, y cuando llegué a casa de unas conferencias que tuve que dar, ¡mi auto estaba ya en el garaje! Mi corazón se llenó de ternura. Y los ojos se me han llenado de lágrimas al escribir sobre esto. Le dolía la espalda, su rodilla estaba hinchada, pero tenía una sonrisa de oreja a oreja.

—Lo hicimos, mi amor. Ya se puede guardar el auto.

—No, papá, *no* lo hicimos. Lo hiciste *tú*. Y me conmueve que hayas trabajado tan duro. ¿Por qué? ¿Por qué no me lo dejaste a mí? Poco a poco yo lo hubiera hecho.

—Lo hice, preciosa, porque te quiero mucho. Y lo hice porque quería que pudieras entrar el auto antes del invierno.

¡Qué padre el mío! Los padres muchas veces se equivocan pensando que deben hacer algo costoso o importante para mostrarles amor a sus hijas. ¿Sabes qué? A través de las cosas de todos los días, de las tareas aburridas de la vida, es que crece el amor de papá.

• *Se divierte conmigo.* Mi papá es una combinación especial. Es muy detallista e inteligente, pero también es creativo y divertido. (Yo heredé de él lo de creativo y divertido, pero por desdicha no heredé su inteligencia ni su capacidad organizativa). Escribe poesías, cuenta magníficos chistes, ama la vida, y a los que lo rodean les gusta estar a su lado. Me enseñó a nadar, a hacer saltos de altura y a jugar minigolf. Ninguno de mis padres ganó un montón de dinero. Ambos eran maestros con un presupuesto limitado, pero siempre se las arreglaban para que pudiéramos irnos de vacaciones todos los veranos. Sabían la importancia de divertirse como familia, y querían que mi hermano y yo viéramos todo lo que pudiéramos de los Estados Unidos. Muchas vacaciones consistían en ir de acampada, y algunas veces fuimos a parques de diversiones, pero con regularidad tomábamos dos semanas de vacaciones en agosto. Divertirse no tiene que costar mucho dinero, pero tiempo sí. Anima a tu esposo a establecer algún elemento de diversión con la familia. Cuando yo era pequeña, papá nos llevaba al restaurante McDonald's todos los viernes por la noche. Era una forma barata de pasar buenos ratos como familia, y algo que siempre estábamos esperando. Los viernes por la noche con la familia nunca eran caros, pero sí constantes. Después del McDonald's nos íbamos a bolear, a jugar minigolf o nos íbamos para la casa a ver juntos la televisión. A veces hacíamos rositas de maíz, jugábamos juegos de mesa o mirábamos películas de la familia. ¿El ingrediente principal? Lo hacíamos todos los viernes (regularidad) y lo hacíamos como familia (unión). Piensa en algunas formas de animar a tu marido a tomar la batuta y establecer algo de diversión, no muy caro, que puedan hacer juntos como familia.

10

«Te ruego que confíes en mí»

Mamá siempre quiere que hable con ella. ¡Es tan entremetida! Le molesta cuando estoy en mi cuarto con la puerta cerrada. No estoy tratando de esconder nada. Es que a veces no tengo deseos de conversar y quiero estar sola. ¿Cómo puedo decírselo sin herir sus sentimientos?

Mi mamá y mi papá me protegen demasiado. No puedo ir ni a la tienda de la esquina sin pedirles permiso. No puedo dormir fuera, ni conducir un auto ni tener novio hasta que tenga dieciocho años. Ni siquiera puedo ir sola a un concierto cristiano. Si un muchacho me gusta, mi mamá se horroriza y hace todo lo que puede por mantenerme alejada de él.

Siempre estamos discutiendo, y me dice que le falté al respeto y que soy chismosa. Paso casi todo el tiempo encerrada en mi cuarto... porque es lo mejor.

Mis padres me protegen taaanto. No me dejan ir a ninguna parte sin saber todos los detalles de dónde voy a estar, con quién voy a estar, cuándo pienso regresar, ¡y hasta dónde voy a comer! Tengo diecisiete años, y nunca he hecho nada para que no confíen en mí.

 Tengo trece años, pero ustedes pensarían que tengo diez por la forma en que me tratan mi mamá y mi papá. ¡Son demasiado estrictos! Cuando mis amigas me piden que haga algo, en seguida digo que no, porque sé que mis padres no me van a dejar. Entiendo que es porque están tratando de protegerme, pero ya me están sacando de mis casillas.

 Mamá y papá nunca han hablado conmigo en cuanto a salir en cita. Tengo dieciséis años, y me parece que están evitando el tema. Creo que no quieren aceptar la realidad de que ya estoy crecidita. Están siendo demasiado estrictos. Es como si no quisieran ver muchachos por los alrededores por miedo de que me guste alguno, o algo parecido.

 Mi mamá y mi papá siempre me están diciendo que debo ser más responsable, pero cómo voy a serlo si nunca me quitan la vista de encima. Es como si no creyeran que yo puedo hacer bien las cosas ni tomar decisiones inteligentes. ¡PODRÍA hacerlo si solo me dieran la oportunidad!

 Tengo una madre gritona y pesada. Trata de dictar todo lo que tiene que ver conmigo: quiénes son mis amigos, qué ropa debo ponerme, dónde voy a ir, todo. No puedo tener una amiga que no sea cristiana, porque teme que sea una mala influencia para mí. Soy demasiado grandecita para saber con quién ando y con quién no. ¡Siento que me están asfixiando!

 Un par de chicas que conozco fueron a una fiesta donde había bebidas y las sorprendieron. Ahora mis padres están paranoicos en cuanto a quiénes son mis amigas y piensan que soy un poco estúpida. ¡Yo nunca haría eso! ¿Qué puedo hacer para que confíen en mí? Nunca he hecho ese tipo de cosas, pero temen que un día pudiera empezar a hacerlas.

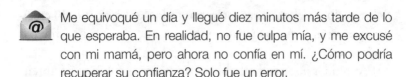

Me equivoqué un día y llegué diez minutos más tarde de lo que esperaba. En realidad, no fue culpa mía, y me excusé con mi mamá, pero ahora no confía en mí. ¿Cómo podría recuperar su confianza? Solo fue un error.

¿Cómo pudiera lograr que mis padres confíen en mí? Mi hermano mayor se metió en problemas y terminó en la cárcel, y ahora no me dejan hacer nada. Creo que temen que yo sea como él. No será así. ¡No soy en nada como mi hermano! Desearía que me dejaran demostrárselo. ¡Soy una buena chica!

Sorprendí a mi mamá registrando mi gaveta y leyendo algunas notas que unas amigas me escribieron en la escuela. Ahora piensa que yo hago las mismas cosas que ellas, pero no es cierto. Ya no me deja andar con ellas, y son las únicas amigas que tengo. Olvídate de que pueda confiar en mí: ¡yo no puedo confiar en ella! ¿Por qué no me puede dar un poco de espacio y no meterse en mis cosas?

¡Estoy a punto de explotar! Mi mamá tiene que saber cualquier cosa que yo haga o diga. Me está volviendo loca. Ni siquiera puedo hablar por teléfono sin que me esté preguntando con quién hablo y de qué estamos hablando. ¡Estoy harta de sus preguntas!

El que sus padres confíen en ellas es algo *muy grande* para las adolescentes. Poder confiar en sus hijas es algo *muy grande* para los padres. ¿Cómo pueden ganar ambos bandos?

Para todas nosotras, tener a alguien que diga que no confía en nosotras es como si nos abofetearan, en especial si no hemos hecho algo que merezca su desconfianza. A las adolescentes les parece que se han pasado la vida entera tratando de demostrarles a los adultos que son buenas chicas y merecen su confianza.

Sin duda, cuando nuestras hijas llegan a la adolescencia, dónde van y con quiénes andan deja de estar bajo nuestro control, y eso es algo terrible con lo que los padres temen lidiar.

Sobre todo, nuestras hijas están tratando de mostrarnos lo crecidas que están y que *podemos* confiar en que van a tomar buenas decisiones.

Aprender a ser responsable es un proceso como el de aprender a caminar. Tu hija podría caerse de vez en cuando como le sucedía al empezar a caminar, pero eso no significa que no sea digna de confianza. Pudiera haber cometido un error de juicio o no estar mirando la hora, y pasarse de la hora en que acordaron que regresaría.

Pudiera también haber ocurrido algo que estaba fuera de su control, como el que hubieran tenido que detenerse a echar gasolina cuando iban de regreso. Trata de no precipitarte a emitir juicio hasta que ella tenga la oportunidad de explicar lo sucedido.

Hay veces en que la mejor manera de aprender es por nuestros propios errores. Cuando tu hija cometa un error, aprovecha la oportunidad para que sea una experiencia aleccionadora, no un delito. La mayoría de las veces basta que suceda una vez para que la chica aprenda que no debe perder la confianza que tienes en ella.

¿Y SI EN REALIDAD NO CONFÍO EN ELLA?

Las faltas que se repiten son señales ciertas de que tú le has dado demasiadas responsabilidades demasiado pronto, o de que tu hija no aprecia la libertad que le has concedido. En ese caso, vas a tener que halar un poco las riendas hasta que veas que está lista para ser más responsable. A medida que demuestre que se puede confiar en ella, le irás dando más libertad.

Una buena regla es decirle que vas a confiar en ella hasta que te dé motivos para desconfiar. Si eso sucede, tendrás que regresar al punto inicial y ella tendrá que volver a ganarse tu confianza antes de que se le concedan más privilegios.

Nuestra experiencia ha sido que casi todas las adolescentes son buenas chicas y desean que sus padres confíen en ellas. No busques problemas donde no existen. Tu hija no va a fallar solo porque lo hagan otras adolescentes.

Claro, no puedes esperar que una niña de trece años tenga el buen juicio y la madurez de una joven de diecisiete años, ni que una de diecisiete vaya a tener la madurez de una de veinticuatro. Cuídate de no esperar demasiado de una jovencita inexperta.

Los psicólogos nos dicen que la parte del cerebro encargada del dominio propio no está bien desarrollada hasta los veinticinco años de edad. ¡Algunos de nosotros jamás tenemos un dominio total de nuestra conducta impulsiva!

Si tienes problemas de confianza con tu hija, hazte las siguientes preguntas:

- ¿Le habrás dado a tu hija mucha libertad demasiado pronto?

- ¿No estarás esperando una conducta más madura de la que puede tener?

- ¿Son claras tus expectativas, o das por sentado que a su edad debe conocerlas?

- Si hace algo indebido, ¿lo mantienes en su contra o le das una segunda oportunidad para demostrar su valía?

A veces la adolescente no tiene toda la culpa cuando no se le han explicado con claridad las horas de regresar a casa, los límites y las expectativas. Procura expresarte con mucha claridad cuando le estás diciendo a tu hija lo que esperas de ella en estas cosas.

Lee los siguientes casos. ¿Quién crees que tiene la culpa? También ve si hay parecidos entre esas personas y tú.

PRIMER CASO:

Gwendolyn creció en una iglesia con un pequeño grupo de jóvenes. Debido a que no había muchos adolescentes, sus amistades más íntimas las estableció en la escuela. Gwendolyn profesaba ser cristiana; asistía a los campamentos de la iglesia todos los veranos y disfrutaba leyendo la Biblia. Hasta estuvo considerando ser misionera.

Cuando ya tuvo edad de tener novio, los muchachos de la escuela empezaron a fijarse en ella. En la iglesia solo había un muchacho de su edad, y no estaba interesado en ella. Por tanto, cuando los muchachos de la escuela comenzaron a invitarla a salir, Gwendolyn aceptaba. Muchos de los muchachos con los que salía no eran cristianos y no tenían sus principios morales.

Gwendolyn mantuvo su sistema de altos valores alrededor de un año, pero cuando Jake empezó a presionarla para ir más lejos físicamente, ella cedió. Era un buen muchacho, popular en la escuela, gran personalidad y mariscal de campo del equipo de fútbol de la universidad. Gwendolyn se sintió especial solo por estar saliendo con él. Sin embargo, no pasó mucho tiempo sin que le entregara su virginidad a Jake... solo por mantenerlo interesado.

Lo adivinaste: Al poco tiempo, Jack encontró otra chica y Gwendolyn quedó con el corazón destrozado. Se matriculó en una universidad cristiana, comenzó a salir con un joven cristiano, y con el tiempo se casó con Bryan, que estaba estudiando para el ministerio.

Gwendolyn y Bryan han estado felizmente casados por veinte años, pero cuando su hija cumplió diecisiete y un joven la invitó a salir, comenzaron los problemas.

—Ella no va a salir con un joven que no sea de nuestra iglesia —le anunció Gwendolyn a Bryan.

—Pero, mi amor, *conocemos* a Ryan. ¡Hace años que conocemos a su familia! Son buenas personas. Lo único que le ha pedido es que lo acompañe al banquete de los baloncestistas de la escuela.

—No me importa. Él no es de nuestra iglesia. ¡Estoy hablando en serio, Bryan! Nuestra hija *no* va a estar saliendo con ningún muchacho de la escuela.

—Mi vida, no sé qué daño le puede causar asistir a una función de la escuela con un muchacho que ambos conocemos y nos agrada.

¿Qué está pasando? Que Gwendolyn está tomando los errores que cometió y convirtiéndolos en el temor de que a su hija pudiera pasarle lo mismo. Está pensando: *¡Así empezaron mis problemas! Bajé la guardia con un tipo de la escuela, y es probable que nuestra hija caiga en lo mismo.*

- En vez de dar por sentado que la hija repetirá los mismos errores de Gwendolyn, ¿qué se puede hacer para resolver el dilema?

- ¿Quién tiene la responsabilidad por la desconfianza en esta relación madre-hija?

SEGUNDO CASO:

Chenelle sabía que su hora de volver a casa era las once de la noche. Le había rogado a su madre que la extendiera hasta la medianoche, pero no pudo convencerla.

Chenelle y tres amigas se fueron a comer pizza y luego se dirigieron al cine para ver una película para mujeres. Las entradas a la primera tanda que planeaban ver estaban vendidas, por lo que compraron entradas para la segunda, que comenzaba a las ocho y media de la noche.

Las chicas rieron, comieron rositas de maíz y hasta derramaron algunas lágrimas durante la película. Chenelle miró el reloj al salir del cine: diez y media. *Magnífico*, pensó. *No tendría ningún problema para llegar a la casa a las once.*

Sin embargo, el tráfico estaba horroroso. El desvío que tuvieron que tomar no estuvo allí más temprano en la noche. ¡Esto es increíble!, pensó Chenelle. *¡Las calles están abarrotadas y los autos se mueven a paso de tortuga!*

Cuando llegaron a la casa, eran las once y cuarenta, y la madre estaba esperándola en el sofá.

- ¿Quién tuvo la culpa de la ruptura de la confianza entre la madre y la hija?

- ¿Pudo haber hecho algo Chenelle para preservar la confianza de la madre mientras estaba en medio de una situación que no podía controlar?

- ¿Cuál pudo haber sido una reacción adecuada de la madre? ¿Y de Chenelle?

TERCER CASO:

Jacqueline era una buena muchacha; pero había perdido la noción del tiempo. Es probable que se debiera a que era una persona muy sociable. Sabía escuchar muy bien, y los demás le contaban sus problemas. Jacqueline daba buenos consejos, y sus compañeros confiaban en ella.

Valoraba mucho la amistad y siempre buscaba la oportunidad de reunirse con la gente. Sabía que la hora de regresar a su casa era la medianoche, pero a veces se concentraba tanto en ayudar a alguien que no miraba el reloj.

Marcia entendía la personalidad de su hija y admiraba su don de gente, pero también le hablaba con seriedad de la necesidad que tenía de mirar el reloj y estar al tanto de la hora. Cuando Jacqueline no llegaba a la hora señalada, no tardaba en llegar, y eso le *sucedió* unas cuantas veces.

Aunque no quería que redujera sus relaciones con buenos amigos, Marcia quería que Jacqueline supiera que la hora de regresar era una regla que debía observar. «La próxima vez que vuelvas tarde», le anunció a su hija, «estarás una semana sin salir».

A Jacqueline no le gustaba para nada pasarse una semana sin salir con sus amigos, así que cuando fue a la casa de Abby un sábado por la tarde, se aseguró de llevar el reloj. Las muchachas hornearon galletas, hablaron de muchachos, intercambiaron secretos, vieron una película e hicieron unas cuantas bromas sobre el hermanito de Abby.

Jacqueline se estaba divirtiendo tanto que se le olvidó mirar la hora hasta que escuchó que el reloj del abuelo anunciaba la medianoche en el pasillo. *¡Ay, no!*, pensó. *Ya llego tarde. Y el viaje a la casa me lleva por lo menos veinte minutos.*

Tomó el auto, se dirigió a su casa y se sintió contenta al ver que las luces de la casa estaban apagadas y que sus padres ya estaban en la cama.

Por la mañana, Jacqueline se vistió para ir a la iglesia y bajó a tomar el desayuno. La familia ya estaba comiendo madalenas y cereal cuando llegó a la mesa. «Mi amor, ¿cumpliste anoche con la hora de llegada?», le preguntó Marcia.

«¡Mamá! ¿Estás hablando en serio? ¡No quiero que me dejes castigada! Créeme, ¡conozco la importancia de la hora de llegada!»

Jacqueline llenó su tazón de cereal y leyó la sección de dibujos animados del periódico mientras la mamá recogía la mesa y anunciaba que salían para la iglesia en cinco minutos.

Huy, ¡qué susto!, pensó Jacqueline.

Lo que Jacqueline no sabía era que aunque la madre estaba en la cama cuando llegó a la casa, no estaba dormida. Se volvió al reloj de la mesa de noche cuando oyó que Jacqueline entraba por la puerta a las doce y veinticinco.

- ¿Qué problema de confianza se desarrollará entre Marcia y Jacqueline debido a la respuesta de Jacqueline a la pegunta de su mamá referente a la hora de volver a casa?

- ¿Quién es el culpable por deshacerse la confianza entre las dos?

- ¿Pueden sus relaciones volver a ser lo que eran? Si es así, ¿cómo?

DA EL EJEMPLO

En un libro anterior, *Here for You: Creating a Mother-Daughter Bond That Last a Lifetime*, hablamos de la importancia de hacer un pacto entre madre e hija. Hay cinco partes en el pacto de una madre con su hija, y cinco partes en el pacto de una hija con su madre. Una parte del juramento de la hija a la madre es: *Siempre seré sincera contigo.*

Si Jacqueline hubiera hecho un pacto así con su madre, este la hubiera disuadido de ser mentirosa. Madres, de seguro que ustedes desean que sus hijas no les mientan, ¿pero están dispuestas a darles el ejemplo?

¿Te ve mintiéndole a tu esposo sobre la manera en que gastas el dinero o «ajustas» el presupuesto de la familia? Cuando llega la hora de pagar los impuestos, ¿escondes algunas cosas que quizá el gobierno no vaya a notar?

La sinceridad, la veracidad y la integridad son partes del carácter. ¿Qué tipo de carácter está viendo en ti tu hija? Espero que estés viviendo Efesios 5:1, que nos dice que debemos imitar al Padre celestial. Si estás copiando el estilo de vida de Cristo, estás siendo sincera y digna de confianza ante tu hija. Y si es así, puedes esperar lo mismo de ella. Deja que aprenda de tu ejemplo.

11

Heridas y trastornos alimenticios

HERIDAS

 Me herí yo misma y me sentí tan mal por haberlo hecho que le prometí a Dios que no lo volvería a hacer. Supongo que ahora es su batalla, no la mía. Aun así, sigo luchando, sobre todo cuando me siento deprimida. ¡A veces lo que quiero es sentir dolor! Prefiero el dolor físico a lidiar con esa abstracta niebla mental que llaman depresión.

 ¿Por qué es malo herirse uno mismo? Lo he hecho antes y ahora lo hago a veces, pero todo el mundo alucina. Oye, ¡esos gritos no me van a ayudar! Gracias, mamá, pero ya sé que soy un fracaso.

 Acerca de herirse: No entiendo qué importancia tiene. Claro, tendré que vivir con la cicatriz, pero no me importa. El tipo con el que me case algún día recibirá todo el paquete: cicatrices, errores, apariencia, dolor de corazón y todo lo demás.

La autolesión es una forma de alivio del estrés o un castigo a uno mismo. Pienso que no está mal. No es que sea pecado.

 Crecí en un hogar cristiano, pero hace unos años me aparté de Dios. Mi madre es maestra de Escuela Dominical y participa mucho en la iglesia. Llegó al punto en que estaba demasiado ocupada para atenderme a mí o cualquiera de mis problemas. Empecé a herirme cuando estaba en décimo grado y, luego, cuando ya estaba en el último, se lo conté a la líder de mi grupo pequeño. Esta me hizo que se lo contara a mi mamá.

Mi mamá ni siquiera me habló del asunto. Se limitó a hacerme ver a un consejero cristiano que fue muy cariñoso y servicial. Sin embargo, mi mamá me preguntaba a menudo si ya me sentía mejor, pero para mí que le preocupaba más que le fuera a manchar su buena reputación. Por fin me dijo que el consejero era muy caro y no podía seguir pagándolo, y tuve que dejar de ir aunque todavía no estaba lista para terminar. Así que nunca dejé de herirme. Ahora siento que estoy donde empecé.

 Hace poco, mi grupo de jóvenes fue a un retiro y le entregué mi vida a Cristo. No obstante, tengo el problema de que me hiero, y eso me calma. Quiero dejar de hacerlo, pero no encuentro nada que lo sustituya.

 Empecé a herirme el verano pasado. Quiero dejar de hacerlo, pero no puedo. Una de mis amigas se hiere también, pero la diferencia es que siempre anima a que se haga, y yo quiero dejar de hacerlo. Sé que debo acercarme primero a Dios, pero me parece que eso no es posible. Me he alejado mucho de Él. No sé qué hacer.

 Soy una hipócrita, lo sé. Vivo dos vidas. Uso una máscara cuando estoy con otros, y actúo como si la vida fuera una maravilla. El yo que nadie conoce lucha con un trastorno alimenticio, se hiere por todas partes y hace cualquier cosa por mitigar el dolor se ser yo.

 Hace un año me diagnosticaron depresión. Comencé a herirme, pero pude ocultarlo por varios meses. Mi mamá por fin lo descubrió y me hizo dejar de hacerlo. En los últimos tiempos mi familia ha estado peleando mucho, y eso me hace volver a caer en la depresión. Tengo otra vez deseos de herirme.

 Tuve un problema con herirme hace dos años. Uno de mis amigos se lo contó a un consejero de la escuela, y este me buscó ayuda. He estado teniendo muchos problemas con el estrés. Hace una semana fallé y me herí de nuevo. No quiero que nadie lo sepa, porque se decepcionarían de mí.

 Hace algunos años mi mamá y mi papá se divorciaron. Después de la conmoción inicial, hallé una manera de lidiar con ella. Comencé a oír música depresiva llamada rock gótico y de noche lloraba sola sobre mi almohada. Poco después de haber comprado un disco de *My Chemical Romance*, también depresivo, empecé a herirme porque disfrutaba ver cómo la sangre me corría por el brazo, y esperaba que alguien notara mi dolor. Es increíble lo vacía que me siento por dentro. Me siento emocionalmente exhausta y sola.

 ¡No me digan que hable con mis padres! Si yo pudiera contarles lo que está pasando en mi vida, no estaría escribiéndoles a ustedes. Quiero decirles a mis padres que me estuve hiriendo, que tengo deseos de suicidarme y que no he comido más de una comida al día en el último mes. Quisiera hablar con mi mamá, pero no puedo.

 ¡Mi vida se está descontrolando! Mi familia no me entiende. Casi todos los días me gritan, y siempre estoy llorando. Tengo mucho dolor de estómago y de cabeza, y me siento en extremo deprimida y cansada. He empezado a dudar de que Dios tenga un plan con mi vida... y aun de que exista en realidad.

Quizá ni lo esperabas. Cada miembro de tu muy ocupada familia va por diversos caminos y tal vez no los veas mucho ni en las noches. Entre los deberes escolares, los partidos de béisbol, las reuniones de padres y maestros, las reuniones de la directiva de la iglesia y los trabajos de niñera, ¡la vida es una locura!

Las cosas parecen ir bien. Tu hija parece ser feliz y le va bien en la escuela. Por supuesto, siempre hay los cambios de humor habituales, pero es una conducta normal en los adolescentes.

Entonces, de pronto te dan en el punto débil. Surge de la nada. Te llama el consejero de la escuela para decirte que tu hija se está autolesionando.

Lo llaman «automutilación». La cabeza te da vueltas y sientes fuertes oleadas de náuseas. ¿Qué rayos será eso? Tiene que haber algún error. *«No MI hija. ¡Ella es la presidenta de la sociedad de jóvenes de la iglesia! ¡Es una buena chica!»*

Aun los buenos jóvenes de la iglesia caen en la trampa de la autolesión o las heridas. Ha sido descrita como el trastorno alimenticio de esta generación (aunque todavía esos trastornos siguen muy extendidos). Las chicas *y* los chicos se autolesionan, pero es más común entre las chicas.

Las heridas son una lesión que los jóvenes se infligen utilizando objetos bien afilados para cortar la piel y observar cómo sangra. Aunque algunos usan navajas de afeitar, cuchillos o tijeras, otros usan tachuelas, alfileres, grapas, plumas, uñas, pasadores. Y otros se queman con fósforos y rizadores.

«¿Por qué querrán hacerse eso?», te preguntas. Es un fenómeno extraño que ha golpeado a nuestros jóvenes en proporciones epidémicas.

La mayoría de las chicas que se autolesionan son caucásicas adolescentes o mujeres jóvenes procedentes de familias de la clase media o clase media alta. Algunas, sin embargo, comienzan cuando solo están en la escuela secundaria.

Muchas veces esta conducta pasa inadvertida, pues las cicatrices de los brazos y las piernas quedan ocultas bajo blusas de mangas largas y pantalones largos. Algunas son astutas y se hieren en la zona del estómago, donde no lo puedan ver otros.

¿Por qué herirse?

Pregúntale a una muchacha que se hiere por qué lo hace y es probable que te diga algo así: «Es un alivio del estrés y se siente bien», o «Es la única cosa en mi vida que puedo controlar de verdad». Muchas veces es: «Mi dolor emocional es tan grande que me siento muerta. Cuando me hiero y veo que la sangre va bajando por el brazo, por lo menos sé que estoy viva».

Una niña de trece años me dijo: «Empecé a herirme para poder resistir. Yo me lo guardaba todo dentro, y comencé a dejar que saliera con hojas de afeitar».

No están tratando de matarse. Los que se hieren ven el acto como una manera de manejar sus emociones sin herir a nadie. *Nadie más tiene que saberlo*, razonan. Es una forma privada de resistir.

Para la mayoría, autolesionarse es una manera de expresar emociones profundas que no pueden expresar con palabras. Para otras, es una forma de expresar ira; se sienten mejor hiriéndose a sí mismas que hiriendo a otra persona. Y algunas adolescentes lo hacen como una manera de llamar la atención de personas en su vida que las consolarán al verlas.

¿Cuáles son las señales de alarma?

Debido a que esta forma de conducta autodestructiva se realiza en secreto, te pudiera ser difícil saber si tu hija se está hiriendo. Búscale cicatrices o arañazos en sus brazos o piernas si sospechas que se está autolesionando. Fíjate en la ropa que se pone. Si siempre anda con ropa de manga larga y pantalones largos en tiempo de calor, tienes motivos para sospechar. Ve si encuentras en su cuarto o en el baño objetos como hojas de afeitar, pedazos de cristal o clips doblados.

Debes saber que las autolesiones siempre son síntomas de un profundo problema emocional. Exigirle que deje de hacerse daño no resolverá nada. Siempre suele ser un problema de emociones que se guardan y no se expresan como es debido.

Si sospechas que tu hija se está hiriendo, comprende que se trata de un problema mayor que ustedes dos. Busca la ayuda de un consejero profesional que pueda evaluar los motivos que tiene para cortarse y ayudarla a desarrollar maneras saludables de enfrentar su estrés.

Para darle un buen vistazo al problema de una adolescente que batalló con la autolesión, ve al apéndice A.

TRASTORNOS ALIMENTICIOS

 Tengo doce años de edad, mido un poco más de metro y medio y peso sesenta y cinco kilos. Creo que soy gorda. Mi familia y todos mis amigos dicen que no lo soy. Mamá dice que soy musculosa. A veces he pensado dejar de comer, pero sé que eso no es bueno.

 Está bien. Es probable que mi mamá tratara de ayudarme, pero hace unos meses sugirió que me pusiera en dieta y tratara de ser más sensata al comer. Desde entonces me he vuelto paranoica. Estoy saltándome algunas comidas, y solo como una porción pequeña de ensalada todos los días. He comenzado a bajar de peso, lo cual me encanta, pero estoy pasando hambre. ¡Tengo tanta hambre que no puedo dejar de pensar en la comida! ¿Cree que tenga un trastorno alimenticio?

 Detesto mi cuerpo. Los muchachos se reían de mí en la escuela primaria por ser gordita, por lo que en el verano antes de la escuela intermedia decidí hacer algo. Corría diez kilómetros todas las mañanas, y por la noche hacía ejercicios. Mamá me preparaba un almuerzo para la escuela todas las mañanas, pero no sabía que lo echaba a la basura. He perdido algo de peso, pero todavía me siento gorda.

Hace un año que soy anoréxica. Ni siquiera puedo tomar la comunión en la iglesia porque estoy obsesionada con el número de calorías que tiene la galletita. Quiero ayuda, pero temo que me ayuden, porque me harán subir de peso.

 Nadie lo sabe, pero vomito tres o cuatro veces al día. Oí que uno puede bajar de peso haciendo esto. Ahora creo que me he enviciado con esto. Y si no vomito, me siento enferma.

Más de tres mil mujeres jóvenes mueren todos los años por las complicaciones que resultan de los trastornos alimenticios. La observación es básica para que los padres detecten cualquier tipo de trastorno alimenticio.

Vivimos en una cultura en la que te gritan el mensaje a cada vuelta de la esquina. Ser delgada es ser bella; mientras más delgada, más bella. Los adultos sabemos que todo eso es basura, pero nuestras hijas tienden a creer lo que ven y oyen. Y las jovencitas que están desesperadas por lucir y sentirse jóvenes y bellas como las modelos que ven en las cubiertas de las revistas, en las películas y en la televisión, no saben la diferencia que existe entre ser saludables y delgadas, y el peligro de estar delgadas y obsesionadas con las calorías que consumen.

¿Qué es un trastorno alimenticio? Por lo general, se manifiesta en una de dos formas: anorexia o bulimia.

Anorexia

La anorexia es cuando una persona deja de comer para adelgazar y ser delgada, o cuando come solo pequeñas cantidades de alimentos al día y no las suficientes para mantener un peso corporal saludable. La anoréxica vive obsesionada con el consumo de calorías y a veces da la apariencia de que come frente a los demás, pero luego corre al baño a vomitar lo que comió. Otra forma popular de eliminar lo que come es mediante laxantes de los que se encuentran en las tiendas, y que pueden conducir a la deshidratación y a problemas digestivos.

A veces, esta peligrosa aversión a los alimentos provoca muchos problemas de salud, como los cardiacos y fallo de órganos, que pueden causar la muerte.

Lo curioso es que, sin importar lo delgada que esté, una anoréxica siempre se ve gorda al mirarse en el espejo. El desprecio a sí misma consume sus pensamientos. Aborrece lo que ve. Los alimentos son sus enemigos.

Sin embargo, la verdad es que los alimentos no son el problema. Siempre hay algo más profundo. Para muchas chicas se trata del control. Para algunas adolescentes, la anorexia es una manera de controlar algo en sus vidas cuando todo lo demás parece estar descontrolado. Lo que se meten en el cuerpo es lo único que pueden controlar. Es un desesperado grito pidiendo ayuda que abarca muchas necesidades emocionales profundas.

Señales de alerta en la anorexia

* Ansiedad en cuanto al peso
* Preocupación por los alimentos, las calorías y la dieta
* Remover los alimentos en el plato para dar la impresión de que come
* Una rutina de ejercicios excesiva y rígida
* Alejamiento de la familia y las amistades
* Depresión
* Evidencia de vómito inducido y uso de laxantes
* Viajes al baño justo después de cada comida
* Vasos sanguíneos anudados o partidos alrededor de los ojos y la nariz

Bulimia

La persona con bulimia se harta y vomita. La comida es su mejor amiga, lo opuesto del anoréxico, para quien la comida es el enemigo.

Para la persona con bulimia comer es un bálsamo, y puede comer una buena cantidad de comida para satisfacer una necesidad emocional. Para no engordar, corren al baño a vomitar lo que comieron. Algunas personas con bulimia gastan muchísimo dinero saltando de un lugar de comida rápida a otro para satisfacer su apetito, y luego lo vomitan para no subir de peso. Muchas se hartan tarde en la noche cuando los demás ya se fueron a la cama y no pueden ver lo que hacen. El uso de laxantes es otra formar de eliminar lo que comieron.

Contrario a su meta, muchas personas con bulimia mantienen un peso corporal normal o un poco por encima de lo normal, y muchas veces esconden sus problemas por años. Las hartadas y las purgas pueden ir de una o dos veces a la semana a varias veces al día.

Señales de alerta en la bulimia

* Pensamientos obsesivos sobre la comida y el peso

* Evidencias de vómito

* Viajes frecuentes al baño después de las comidas

* Evidencias de uso de laxantes y diuréticos

* Evidencia de que la persona acapara alimentos o desaparición de estos

* Nudillos en carne viva y vasos sanguíneos rotos alrededor de los ojos y la nariz

Los casos severos de anorexia o bulimia muchas veces requieren hospitalización o tratamiento en un centro que se especializa en trastornos alimenticios y donde se ofrece consejería, medicación y terapia individual y familiar.

Aun con tratamiento, muchos pacientes tienen que luchar con sus trastornos alimenticios por el resto de sus días. Es una debilidad que a veces resurge en tiempos de tensión.

No obstante, *es* posible recuperarse por completo si se descubre pronto y se busca ayuda.

Si sospechas que tu hija puede tener uno de estos trastornos, no tengas temor de confrontarla. Busca de inmediato ayuda profesional médica y psicológica. Mientras más pronto se descubre y se trata un trastorno alimenticio, más posibilidades habrá de recuperación.

Para darle un vistazo a alguien que ha batallado contra un trastorno alimenticio y ahora está experimentando victoria, consulta el apéndice B.

¿QUÉ PUEDEN HACER LOS PADRES PARA PREVENIR LA AUTOLESIÓN Y LOS TRASTORNOS ALIMENTICIOS?

La forma más eficaz de prevenir una conducta autodestructiva en una adolescente es guiar con el ejemplo. Examínate tú misma para ver qué tipo de modelo a seguir eres. Pregúntate:

- ¿Lidio con mis emociones de una forma saludable?

- ¿Le prometo a mi hija estar a su disposición cada vez que quiera hablar de sus emociones?

- ¿Estoy siempre quejándome de mi peso o haciendo comentarios en cuanto a sentirme gorda?

- ¿Hago comentarios negativos respecto a la forma en que engordan otras?

- ¿Me cuido el cuerpo con una dieta adecuada y ejercicios apropiados?

- ¿Le he dicho a mi hija que luciría mucho más atractiva si bajara dos kilos?

¡Tus comentarios y tu conducta no pasan inadvertidos para tu hija! El ejemplo que le des con tu propia vida le hablará mucho más alto de lo que le puedas decir.

Si tu hija se autolesiona:

NUNCA

• La condenes. Ya sabe que lo que hace no es bueno.

• Les prestes atención a sus cicatrices. Ella sabe que son feas. Recuerda que esas cicatrices surgieron de un dolor. Tu hija no sabe cómo aceptarse a sí misma. Detesta lo que es.

SIEMPRE

• Observa las señales de alerta. (Demasiado recatada; no quiere cambiarse de ropa delante de sus amigas, ni usar pantalones cortos y se pone una camisa sobre el traje de baño para ocultar las cicatrices).

• Pregúntale sin rodeos si se está hiriendo o quemando.

• Abrázala mucho.

• Busquen juntas ayuda profesional de un consejero cristiano o tu pastor.

Tomado del libro *How to Help Your Hurting Friend* de Susie Shellenberger, *Zondervan Publishing*, Copyright 2003. Usado con permiso.

12

La bebida y otras costumbres autodestructivas

EL ALCOHOL Y LAS DROGAS

 Vivo en un pueblo pequeño y aquí no hay en lo absoluto nada que hacer excepto beber. No es que planeé beber; sucedió y ya. Hace casi un año que bebo todas las semanas. ¿Seré alcohólica?

 Mi vida es un desastre. El año pasado estaba tan deprimida que empecé a herirme. También usé drogas. Después me hice cristiana, pero las drogas y el estilo de vida pandillero me atraen mucho... sobre todo las drogas. Pensé que me iba a librar de ellas, pero ya estoy de nuevo aspirando drogas, y mi estilo de vida no es el mejor.

 Sé que la casi todas las muchachas no tienen problemas por ser miembros de pandillas, pero todo mi pueblo es territorio de pandilla, y muchos de los pandilleros son amigos míos. No estoy segura de que quiera cambiar. Lo único que sé es que las drogas están afectando mis calificaciones, y tengo que terminar el bachillerato.

Comencé tomando cocteles porque mis amigos me decían que eso no era tomar licor. Al poco tiempo, comencé a tomar cerveza. Detestaba el sabor, pero los demás la tomaban y yo les seguí la corriente. Anoche me emborraché de veras. Esta mañana me sentí horrible. No quiero volver a tomar, pero no sé cómo decir no.

 Un grupo de nosotros estaba en una fiesta y alguien brindaba mariguana. Toda mi vida había oído que las drogas eran malas, pero de repente no pude recordar por qué. Así que me la fumé. Me gustó la forma en que me hizo olvidar mis problemas familiares. La fumo cada vez que puedo. ¿Cómo puede ser mala si me hace sentir bien con mi vida?

 Creo que soy alcohólica. Necesito beber para sobrevivir el día. Mezclo el alcohol con jugo de naranja y lleno mi botella de agua. Nadie lo sabe y temo confesarlo, pero necesito ayuda.

Madres, si tienen alcohol en la casa, aun con llave en un armario, existe la posibilidad de que tu hija esté captando el mensaje de que no es malo beber. Quizá le hayas explicado que las adolescentes no deben hacerlo, que es ilegal beber antes de cumplir veintiún años, pero si te ve bebiendo va a interpretar que es una conducta aceptable.

Comprendo que entre los cristianos hay diferentes opiniones en cuando a la bebida. Sabemos también que Cristo convirtió el agua en vino y que ese fue su primer milagro. Y Pablo le dijo a Timoteo que tomara un poco de vino. Sin embargo, ¿podemos darte nuestra opinión? Ninguna de nosotras bebe. Estamos muy en contra del alcohol y no vemos ninguna razón para participar en algo que con rapidez puede lanzarnos a una espiral descendente.

Cuando Jesús convirtió el agua en vino, tenemos que recordar que no creó una orgía de borrachos. Ni tampoco hizo güisqui. Es probable que el vino que Jesús creara solo tuviera una pequeña cantidad de alcohol (con propósitos de purificación), ni siquiera era como una cerveza americana ni un coctel.

Y cuando el apóstol Pablo le dijo al joven pastor Timoteo que tomara un poco de vino, fue con propósitos medicinales. Timoteo padecía de problemas estomacales. La Biblia advierte una y otra vez contra el abuso del alcohol.

Veamos los datos

Es una lástima que la mayoría de los jóvenes no entienda la conexión que existe entre lo que hacen y las consecuencias que verán en el futuro. Muchos se sienten indestructibles e inmunes a los problemas que otros experimentan debido al alcohol y las drogas. Los adolescentes que consumen alcohol y fuman están en mayor peligro de usar drogas después.

Una encuesta nos revela que alrededor del setenta y cinco por ciento de los estudiantes de bachillerato ha probado alcohol. Y lo que es más alarmante, veintiocho por ciento de los adolescentes ha tenido alguna experiencia reciente de beber en exceso (más de cinco tragos en un par de horas).

¿Sabías que en los Estados Unidos la causa principal de la muerte de adolescentes y adultos jóvenes son los accidentes en autos por conducir embriagados? Además, como sabes, el alcohol baja las inhibiciones, lo que puede conducir a los adolescentes a tener relaciones sexuales sin la debida protección, lo que aumenta las posibilidades de embarazos y de contraer enfermedades por transmisión sexual, como los herpes, la clamidia y el sida.

Alrededor del cuarenta por ciento de los adolescentes ha probado la mariguana una o más veces, y veintidós por ciento de los adolescentes sigue usándola. Es preocupante que usen la mariguana porque esta puede afectarles la memoria, la facultad de resolver problemas y las aptitudes para el aprendizaje. Puede causar también cambios repentinos en el estado de ánimo, ansiedad y depresión.

Alrededor del nueve por ciento de los adolescentes ha probado la cocaína, y el cuatro por ciento la sigue usando (una o más veces al mes). La cocaína es muy adictiva. Y es bien peligrosa porque puede causar taquicardias que pueden resultar en un ataque cardíaco peligroso, convulsiones o una embolia.

¿Por qué usan drogas los adolescentes? ¿Por qué prueban el alcohol? Según los correos electrónicos que dimos a conocer, muchos se ven presionados a usarlas. Otros no saben decir no. Algunos lo hacen por curiosidad y otros porque han estado buscando con desesperación un escape. Madres, por eso es crucial que con sinceridad y premura hables con tu hija, no solo sobre los peligros del alcohol y las drogas, sino también sobre la necesidad de que establezca límites y sepa resistir las presiones.

Aun así, lo cierto es que existe algo más profundo, y es la cuestión de por qué tu hija quiere asistir a fiestas donde van a estar presentes el alcohol y las drogas, o por qué está interesada en establecer una estrecha amistad con quienes participan en ellas.

En vez de solo recitarle un paquete de reglas, trata de moldearle el corazón. Recuerda que tu meta como madre es ayudarla a enamorarse mucho de Cristo. Eso implica que juntas oren, lean la Biblia, discutan todo desde la A hasta la Z y busquen la perspectiva divina.

¿Quién está en peligro?

Entre las adolescentes que están en peligro de desarrollar problemas de alcohol y drogas están:

- Las que tienen en su familia un historial de drogadicción. Los estudios indican que cuando la predisposición genética se combina con factores ambientales, la persona tiene más probabilidad de desarrollar problemas de drogadicción.

- Las que están deprimidas. Pudiera tratarse de una depresión química o emotiva. Las adolescentes que sufren depresión a veces prueban las drogas o el alcohol para sentirse «felices».

- Las que tienen una autoestima baja. Las hijas de familias

con conflictos frecuentes, las que han sido víctimas de abuso físico o sexual, y las que sufren de estrés psicológico, suelen tener problema de baja autoestima y son las más propensas a caer en el alcohol y las drogas. Sin sentirse cerca de nadie y con una baja autoestima, muchas adolescentes acuden al alcohol y a las drogas para compensar el dolor emocional.

* Las que piensan que no encajan o no son parte de la corriente principal. Ciertos factores personales, familiares y de la comunidad aumentan el riesgo de que la adolescente pruebe las drogas y se envicie.

* Las que tienen ciertas enfermedades o afecciones. Las adolescentes que no han recibido tratamientos debido a su trastorno por déficit de atención e hiperactividad (TDAH), trastornos de conducta, depresión o sentimientos de depresión por mucho tiempo (distimia), trastorno de estrés postraumático o trastornos de ansiedad son más propensas al uso del alcohol o las drogas. Además, las conductas debidas al alcohol y a las drogas pueden empeorar estas condiciones.

* Las que tienen expectativas de las drogas. Una adolescente puede desarrollar expectativas de lo que hacen las drogas o el uso del alcohol tomadas de padres, amigos y los medios de comunicación. A menudo, las adolescentes tienen conceptos erróneos sobre los efectos dañinos del alcohol, los cigarrillos y las drogas, piensan que «todo el mundo lo hace» y que ellas deben hacerlo también.

* Las que lo hacen a una temprana edad. Tomar alcohol o consumir drogas a una temprana edad aumenta el riesgo de que la adolescente caiga en el vicio. Un estudio reveló que las adolescentes que prueban su primer trago a los catorce años de edad o antes tienen más probabilidades de adquirir el vicio que las que tomaron su primer trago a los diecinueve o más años de edad.

- Las que no tienen mucha participación de los padres. La falta de una constante participación de los padres en la vida de la muchacha y la falta de una supervisión adecuada aumentan el riesgo de que la adolescente caiga en el alcohol, los cigarrillos y las drogas. Los castigos duros o incoherentes, o la permisividad aumentan también el riesgo de que una chica caiga en el alcohol o las drogas.

Lo que hay que observar

A menudo, quizá te sea difícil notar si tu hija está tomando alcohol o usando drogas. Los padres pudieran preocuparse de que sus adolescentes estén usando drogas o bebiendo si las ven alejadas o negativas, aunque estas conductas son comunes en las adolescentes que están pasando por tiempos difíciles. Es importante que no acuses injustamente a tu hija. Trata de descubrir por qué su conducta ha cambiado diciéndole que eso te preocupa.

La mayoría de los expertos recomienda que cuando se sospecha del uso de alcohol o drogas, los padres deben tratar de encontrar un patrón o muchos cambios de apariencia, conducta y actitud. El uso de drogas pudiera ser una posibilidad si varias de las siguientes señales están presentes:

- Presta menos atención a cómo viste o se arregla
- Falta de apetito o una inexplicable pérdida de peso
- Ojos rojos o vidriosos y uso frecuente de gotas para los ojos y mentas para el aliento
- Menos asistencia y rendimiento en la escuela
- Pérdida de interés en la escuela, los deportes y otras actividades
- Desarrollo de un nuevo secretismo; conducta engañosa o sigilosa
- Distanciamiento de la familia y los amigos

- Nuevos amigos y renuencia a presentarlos

- Mentiras o robos

- Conducta irrespetuosa

- Empeora el estado de ánimo o la actitud

- Falta de interés en el futuro

Otra vez, no des por sentado que tu hija está consumiendo drogas o alcohol si una o dos de estas señalas están presentes. Muchas de estas señales pudieran estar presentes en casos de depresión, autolesión o trastornos alimenticios. Establece pronto una relación de sinceridad con tu hija, a fin de que no le dé pena hablar de sus luchas, sean las que sean. Si tu hija tiene varios de estos síntomas, querrás que la vea un profesional.

EL JUEGO DEL DESMAYO

En busca de una forma barata de alcanzar la máxima experiencia, hay niños de hasta diez años de edad que han incursionado en un mortal juego llamado «juego del desmayo» o «juego de la asfixia».

En este juego, la persona permite que sus amigos la ahoguen o la cuelguen para cortar el paso del aire y provocar falta de oxígeno en el cerebro. Lo que espera es lograr un efecto similar al que produce el alcohol o las drogas. Lo triste es que no se da cuenta de lo peligroso que es este extraño juego. En vez de experimentar el deseado éxtasis, muchos terminan suicidándose sin quererlo.

El internet atrae a muchos jóvenes al «juego», vendiéndoselos con frecuencia a los chicos como «la mejor sensación del mundo».

La presión de los pares es otra razón por la que los jóvenes participan en estas peligrosas actividades. Muchas veces los retan a hacer cualquier cosa para encajar en el grupo o que les consideren fantásticos.

Aunque los muchachos más que las muchachas son los que participan en este mortal juego, se ha vuelto popular en muchas fiestas. Hasta estudiantes universitarios hayan divertido ver a la víctima contorsionarse y desmayarse mientras la estrangulan.

Qué se debe observar

Las huellas del juego del desmayo no son tan claras como las de haber tomado drogas o alcohol. Algunos pueden expresar interés en la estrangulación o preguntar qué sucede cuando uno se estrangula.

Tu hija puede parecer aturdida al salir del cuarto con sus amigas. Otras señales de alerta serían marcas en el cuello, cambios en su personalidad o conducta, o la presencia en el cuarto de artículos como bufandas, cintos o sogas. Dolor de cabeza, cara sonrojada, garganta carrasposa y ojos inyectados de sangre son también señales del juego del desmayo.

Otros nombres del juego

* Juego del aliento
* Embolsamiento
* Juego de la asfixia
* Ruleta de la sofocación
* Juego del apagón
* Mono espacial
* Juego del noqueo
* Aterrizaje
* Juego de la línea plana
* Juego del sueño
* Juego del hormigueo
* Crucero del más allá

Posibles daños del juego

- Conmoción cerebral
- Mandíbula quebrada
- Hombros, costillas o extremidades fracturados
- Daños a la garganta y a la voz
- Muerte accidental

LAS ADOLESCENTES Y LOS JUEGOS DE AZAR

Aun cuando los juegos de azar legales se restringen a los mayores de dieciocho años, un creciente número de chicas adolescentes se han vuelto adictas a esos juegos.

Los estudios realizados por el Concilio sobre los Juegos de Azar Compulsivos de Nueva Jersey indican que el juego está casi en todas las escuelas superiores de Estados Unidos. Y cuando llegan al nivel universitario, el juego está al alcance de los adolescentes a través del internet.

Esta conducta autodestructiva no es tan fácil de notar como las otras, pero hay señales de advertencia de que tu hija haya caído en ella. Lo que comienza como un juego inocente, pronto puede convertirse en una adicción para toda la vida.

Los adolescentes suelen comenzar a apostar en los deportes de la escuela. No es raro que entre los alumnos de la escuela secundaria haya corredores de apuestas que les brindan la oportunidad de jugar de manera ilegal en los juegos grandes y les dan crédito para que jueguen. Pueden comenzar con una línea de crédito de veinticinco o cincuenta dólares por juego. Los muchachos pueden apostar toda la semana, y los domingos por la noche sacan cuenta del dinero que ganaron o deben.

El apetito pronto crece a cantidades mayores, y como en las películas, los corredores de apuestas pueden ponerse violentos, comenzando con improperios y amenazas si un adolescente no le paga.

Las deudas de juego conducen a veces a robos menores, que pueden llegar a convertirse en delitos serios como allanamiento de moradas y venta de drogas.

Aunque el juego es más común entre los muchachos que entre las muchachas, hay señales que deben observar todos los padres.

Señales de juego entre los adolescentes

* Problemas financieros
* Se afectan los deberes escolares
* Ausencias a clase en la escuela
* Falta de concentración
* Conducta reservada
* Abandona la universidad sin decírselo a sus padres
* Emociones altas seguidas de caída en espiral que lo lleva a la desesperación

ADOLESCENTES QUE FUMAN

La Asociación Americana de los Pulmones calcula que cada día seis mil jóvenes menores de dieciocho años aspirarán su primer cigarrillo. De esos seis mil, cerca de dos mil se convertirán en fumadores. Nos inquieta el hecho de que el promedio de fumadores adolescentes esté en aumento. Alrededor del noventa por ciento de los fumadores adultos comenzó a fumar antes de cumplir los veintiún años[1].

A pesar de la evidencia científica que demuestra los riesgos contra la salud asociados con el cigarro y otros usos del tabaco, casi tres mil adolescentes adquieren el hábito todos los días solo en Estados Unidos.

Los adolescentes del siglo veintiuno son inteligentes. Uno se pregunta qué los llevará a adquirir un hábito tan dañino a la salud. Para decirlo en pocas palabras, es el deseo de tener un sitio entre los demás.

Fumar es una forma en que un adolescente vulnerable puede sentirse mayor y «más sabio» de lo que es en realidad. Para otros, es un intento por sentirse parte de los demás. Los fumadores se agrupan en zonas designadas que se convierten en su lugar de reunión, su lugar para congregarse, conversar y formar algo así como una «familia».

Para algunos, es una manera de actuar con intrepidez (lo prohibido atrae mucho). La idea de quebrantar la ley o ir en contra de la voluntad de sus padres es tan adictiva como la nicotina misma para otros.

La muy adictiva nicotina actúa como un estimulante de la mente, el cuerpo y el espíritu. Si sospechas que tu hija adolescente está escondiendo el hábito de fumar, he aquí algunas características comunes de los fumadores adolescentes:

- Prueban el primer cigarrillo estando en sexto o séptimo grado
- Muchas veces no les va muy bien en la escuela
- Sienten como que no son parte de la escuela
- Se van aislando de los otros estudiantes
- No pueden desempeñarse del mismo modo en los deportes
- Les parece que tienen pocas esperanzas de ir a la universidad
- Según los informes oficiales de la escuela faltan a clases
- Comienzan a utilizar sustancias ilegales
- Empiezan a experimentar con el alcohol y las drogas
- Tienen presiones en la casa y en la escuela y usan el tabaco para aliviarse

- Quieren conseguir trabajo para mantener el vicio de fumar

¿CÓMO PUEDEN LOS PADRES AYUDAR A PREVENIR CONDUCTAS AUTODESTRUCTIVAS?

La forma más eficaz de prevenir conductas autodestructivas en tu hija es guiando con el ejemplo. ¿Eres un buen ejemplo, o tu lema es «Haz lo que digo, no lo que yo hago»?

Si usas o abusas del tabaco, las drogas o el alcohol, es muy probable que tu hija imite tu comportamiento.

Si de vez en cuando incursionas en juegos de azar, si compras boletos de la lotería, apuestas en los eventos deportivos, lo que haces condona las actividades de tu hija.

Debes saber que las presiones para que sean como los demás es una batalla que enfrentan los adolescentes todos los días.

Procura saber quiénes son las amistades de tu hija y qué hacen para divertirse. Alienta a tu hija para que participe en las actividades de la escuela y del grupo de jóvenes de la iglesia. Una buena autoestima y una agenda cargada la ayudarán mucho a evitar que caiga en las trampas de las conductas autodestructivas.

Nota

1. www.lungusa.org/site/apps/s/content.asp?c=dvLUK9O0E&b=34706&ct=66721.

13

Lo que temen las madres

¡**C**riar niñas adolescentes en el siglo veintiuno es todo un reto! Demasiadas influencias negativas externas les roban la inocencia a las chicas desde una temprana edad. Como resultado, muchos padres crían con temor y reaccionan más de la cuenta porque no quieren que hieran a sus hijas.

¿Sabías que la Biblia dice «no temas» alrededor de trescientas sesenta y cinco ocasiones diferentes? ¡Casi un «no temas» por cada día del año! Esto se aplica a todas las facetas de la vida... ¡hasta de la crianza de los hijos!

Aquí tienes algunos comentarios que escuchamos de las mamás y los temores que tienen a medida que sus hijas entran en la adolescencia.

 El corazón se me parte por mi hija de catorce años. Lo que está de moda entre sus amigas cristianas es el acoso y las burlas como cuando tuercen todo lo que una de ellas dice y lo convierten en un chiste. Ella les ha suplicado que no sigan haciéndolo, pero no le hacen caso, y no les importa sus sentimientos. Yo le digo que no les haga caso, que se aleje de ellas, pero eso no alivia su dolor. Temo que ese cruel tratamiento la vuelva introvertida y socialmente deprimida.

 Tengo una hija de dieciséis años, y me aterra que vaya a cometer un error que le arruine la vida. No sé cómo hablarle de mis temores sin ofenderla y sin que piense que no confío en ella.

 Mi hija está en su primer año en la universidad. Siempre ha participado en la denominación de nuestra iglesia, pero ya no está con nosotros y está probando otras creencias. Tengo mucho miedo de que rechace la fe en la que la criamos y caiga en algo que no creemos. ¿Y si no hicimos lo suficiente mientras estaba con nosotros para que no se apartara de la iglesia ahora que vive por su cuenta?

 ¿Puedo meterme en este libro por un segundo? No tengo hijas; soy madre de tres muchachos adolescentes, y me gustaría dar alguna idea en cuanto a cómo visten las adolescentes. Las jovencitas piensan que se ven lindas con faldas cortas, pantalones apretados y blusas transparentes, pero no se dan cuenta de lo que los muchachos adolescentes (mis hijos) ven cuando las miran. Cuando miran a tus hijas, no ven una jovencita: ¡ven a una mujer joven!

Quiero que mis hijos mantengan pensamientos puros. Por favor, díganles a sus hijas que ayuden a los jóvenes cristianos a mantenerse puros al no vestir ropa provocativa. ¡Ellos no pueden evitar mirarlas!

 Ser padres cristianos es tan duro en estos días como ser una adolescente cristiana. He estado tratando de enseñarles a mis hijas a guardar sus corazones al andar por la vida y a esperar al hombre que Dios tiene para ellas. A veces pienso que soy la única madre que habla con sus hijas de este tipo de cosas.

El año que viene mi hija asistirá a otra escuela, y me da miedo que vaya a caer en un grupo de amigos que no le convenga solo por pertenecer a alguno. Ella es seguidora, no líder. ¿Qué puedo hacer para ayudarla a encontrar buenas amistades?

 Tengo dos hijastras, de doce y catorce años, y me cuesta trabajo comunicarme con ellas. Piensan que el mundo gira en torno a su mamá, y allí me tienen a mí, la madrastra, tratando de enseñarles de Dios, de lo que es bueno y de lo que es malo. Cuando pasan un fin de semana con su mamá, es como si hubieran agarrado todo lo que traté de enseñarles y lo hubieran tirado por la ventana. Las he sorprendido escribiéndole cartas a su mamá en las que le preguntan si pueden irse a vivir con ella y salir de nuestra casa.

 Sé que es normal que las adolescentes quieran estar con sus amistades más que con la familia, pero me cuesta trabajo darle permiso a mi hija. No deseo molestarla, pero a la vez temo perderla. Pasa más tiempo conversando por teléfono o yendo a las tiendas con ellas que con nuestra familia. ¿Qué hago para no perderla?

 Mi hija antes llegaba a la casa y se ponía a conversar y a conversar sobre su día y lo que hicieron sus amigas. ¡A veces sentía deseos de pedirle que no hablara tanto! Ahora está en la escuela secundaria, llega a la casa, ¡y no me dice nada! ¡A veces tengo que ir arrancándole las palabras para que participe en una simple conversación! Si no siguiera preguntando, jamás sabría lo que está pasando en su vida. Desearía que todo volviera a ser como antes.

 Pensaba que mi hija y yo íbamos a ser cada vez más unidas al crecer, pero sucedió lo opuesto. No nos comunicamos, casi nunca está en casa cuando yo estoy, y cuando estamos las dos en la casa, ella permanece en su habitación hablando por teléfono o enviando mensajes instantáneos a sus amigos.

¿Cómo puedo permanecer unida a ella si me deja fuera como lo hace?

 No sé qué hacer con mi hija de diecisiete años. Es temperamental, distante e irritable. En estos días no me cae muy bien. Nuestra familia tiene que andar de puntillas debido a sus variantes actitudes. ¿Alguna sugerencia?

Habla Katty:

Me gustaría llevarlas hoy a todas ustedes a la sala de mi casa en Colorado. Nos sentaríamos con un rico café con leche caliente en la mano junto a la chimenea, desde donde podríamos disfrutar el bello panorama de las Montañas Rocosas cubiertas de nieve, sin teléfonos celulares, sin esposos, sin hijos, solo nosotras las madres para tener juntas una conversación íntima. ¿Está bien? Ve a tomar una taza y reúnete conmigo en diez minutos. Te estaré esperando aquí.

Mi esposo, Jeff, y yo llevamos treinta años de casados y criamos dos hijos, uno de los cuales es una hija *muy* emotiva.

Déjame darte algunas maravillosas noticias: ¡Los hormonales años de la adolescencia son TEMPORALES!

La verdad es, mamás, que estos días son diferentes a los de nuestra adolescencia, ¿no es cierto? Vivimos en una cultura que se ha propuesto destruir a nuestras hijas.

Los medios de comunicación están embutiéndoles la mentira de que no son todo lo buenas que deberían ser, ni tan bonitas, ni tan delgadas, ni tan inteligentes... Jamás darán la talla. Es una presión enorme que puede dejar a nuestras hijas sintiéndose desesperanzadas y solas por completo.

Ahora mis hijos son jóvenes adultos maravillosos. Salimos bastante bien de sus años de adolescencia, pero te diré que *hubo ocasiones en que nos preguntábamos si íbamos a quedar locos de remate.*

Recuerdo muy bien que un día le dije a Jeff que pensaba que mi hija me odiaba. ¡DE VERAS QUE LO PENSABA!

Parecía que por mucho que lo intentara, nunca estábamos de acuerdo en nada.

Apenas me hablaba, y cuando lo hacía, muchas veces era en un estallido emocional, pero la veía reír y sonreír con nerviosismo con las madres de sus amistades en la iglesia. *¡Eso duele!*

¡No podía descubrir qué era lo que yo hacía mal y lo que ellas hacían bien! Sentía que era un fracaso como madre.

Entonces un día me di cuenta de lo que era el problema: ¡Yo era su madre y las otras no! ¡Esa era mi culpabilidad!

¿QUE RECUERDE QUÉ?

Haz memoria conmigo por un momento...

¿Recuerdas cuando supiste que tu precioso bebé era una dulce *niñita*?

Soñabas y fantaseabas sobre cómo la vestirías con una ropita adorable, y cómo le pondrías lazos en la cabeza y serían buenas amigas. Sabías que te iba a gustar salir de compras con ella y enseñarle a cocinar, ¡y cuánto iban a reír y a divertirse!

Ah, ¡cuánto *te encantaban* esos días en que tomabas aquel bultito recién bañado y empolvado en pijama! Lloraba cuando la dejabas y se emocionaba cuando regresabas.

¿Recuerdas esos días?

Antes de darte cuenta, comenzó la escuela, y tu gozo se volvió temor.

¿Se sentaría alguien a comer con ella?

¿La tratarían bien los otros niños?

¿Heriría la maestra sus sentimientos?

Y cuando ya te habías ajustado a esa fase (de hacer cosas con ella, estar en su cuarto, ayudarla en las fiestas de la escuela y tener que complacerla e ir a los paseos de la escuela), pasa a la escuela secundaria y de pronto actúa como si no te conociera.

No quiere que te metas en nada.

Hasta sería capaz de pedirte que la dejaras en la esquina, ¡que quiere caminar hasta la escuela para que no la vean contigo! Eso hacía mi hija, Kelly. A su hermano le gustaba que lo dejara en la acera de la escuela, ¡y hasta me daba un beso y un abrazo delante de sus amigos!

¡Kelly no!

Quería que la dejara en la esquina para que nadie me viera.

Entiendo tus temores.

Es como si despertaras un día y hallaras que alguien entró en tu casa, se llevó a tu dulce niñita y te dejó una extraña que pone los ojos en blanco y tira la puerta en una montaña rusa emocional.

Te ves andando con pies de plomo.

El estómago se te hace un nudo cuando llega de la escuela; ¿qué traerá hoy?

No sabes si va a llegar sonriendo y saltando o de mal humor e irritable. Es como si te tuviera cautiva en tu propia casa.

Tu día se ve afectado por el *suyo*. Y hasta el día de toda la familia puede verse afectado por el de ella.

¿QUÉ NARICES SUCEDIÓ?

Recuerdo que había días en que Kelly se bajaba del ómnibus escolar, corría a la casa, tiraba la puerta y rompía a llorar. Era como si alguien se hubiera muerto, ¡pero en una ocasión fue que su mejor amiga se sentó a comer con otra ese día!

Mientras estuvo en la escuela secundaria nunca pude saber qué esperar en un día dado. ¡Era horrible!

No te rías. Si todavía no te ha pasado, ya te pasará.

De repente, tu hija deja de conversar contigo. En vez de eso, pasa horas en su cuarto hablando por teléfono e intercambiando a puerta cerrada mensajes de texto con sus amistades.

Cuando piensas que podrás tener una oportunidad de conversar con ella, recibe un mensaje de texto de alguien y tiene que contestarlo al momento.

De buenas a primeras, pasas a un segundo plano en su vida. Cuando por fin *habla* contigo, son respuestas breves y sarcásticas, y una mirada aguda que te hace sentir la mujer más estúpida del planeta. Te quedas preguntándote cómo te volviste tan ignorante.

Es un período aterrador y desconcertante para las madres.

La verdad es que también es un momento difícil para ella.

Está en medio de una metamorfosis.

Sus «hormonas están gimiendo», si sabes a lo que me refiero, y su cuerpo está cambiando más rápido de lo que puede entender. Sé que has oído: «¡Mis pies son demasiado grandes!» o «¿Por qué tengo este cochino pelo?».

«Nada me queda bien. Estoy demasiado flaca o demasiado gorda, o soy demasiado bajita».

Su desarrollo puede ser acelerado o tardío... ¡cualquiera de los dos la joven lo siente como una maldición!

El pantalón que le servía ayer no le sirve hoy, un seno es más pequeño que el otro, y la cara se le llena de barros.

Está tratando de descubrir quién es.

¿Dónde encaja?

¿Qué puede hacer bien?

¿Dará la talla?

Está lidiando con las expectativas de sus padres, sus maestros, sus entrenadores y sus amistades.

Trata con *desesperación* de encajar y que la acepten. Y lo peor de todo es que puede sentirse *invisible*.

A su drama se le suma el gimoteo de las hormonas, y tu vida se llena de temores:

- ¿Qué tal si le sucede algo malo? Entras en pánico cada vez que se retrasa cinco minutos, y haces que te prometa que te va a llamar tan pronto llegue a la casa de su amiga.

- Comienzas a notar que sus amistades tienen más control sobre ella que tú.

- Sientes como que no sabes lo que está sucediendo en su vida.

- Ella es irritable y temperamental. *Tú eres irritable* y temperamental. ¡Dios no quiera que termines en el mismo periodo menstrual! ¡El resto de la familia tendría que huir de allí!

- No pueden hablar sin discutir.

- Temes que la estás perdiendo.

Madres, déjenme decirles dos cosas para que se calmen:

Primera: ¡Estas son conductas normales en las adolescentes! Segunda: Tus temores están justificados. El mundo se empeña en destruir a nuestras hijas, y es importante que seamos conscientes de lo que estas tienen que enfrentar.

POR OTRO LADO

Estos pueden ser algunos de los más divertidos y memorables días de nuestra vida si miramos la adolescencia con alguna perspectiva:

- Sí, *habrá* desafíos... Espéralos y prepárate para enfrentarlos.

- La adolescencia es una fase de la vida. Ya *pasará*. Si puedes ser paciente, ella dejará de ser tan impulsiva y egocéntrica, ¡y volverás a ser inteligente!

Mientras tanto, hay algunas cosas que puedes hacer que te ayudarán a tener relaciones estrechas con tu hija durante su adolescencia. No esperes que ella te diga todo esto, pero aquí tienes lo que con desesperación quiere de ti, su madre.

QUIERE TU PRESENCIA

Claro, no significa que estés *con* ella en todo momento, pero cuando estén juntas, atiéndela. Es decir, que estés en *realidad* a su disposición.

Hazte esta pregunta: Cuando tu hija te habla, ¿de *veras* le pones atención o estás distraída?

¿Cuántas veces tu hija ha salido llorando del cuarto quejándose de que «¡nunca me escuchas!»?

Por fin lo capté después de escuchar a Kelly decirme muchas veces: «¡Mamá! ¡No me estás oyendo!». En realidad, escuchaba cada palabra que me decía, o por lo menos así pensaba yo, pero desde su perspectiva no la escuchaba porque hacía otras cosas mientras me hablaba.

Tuve que proponerme dejar de hacer lo que estaba haciendo para mirarla a los ojos cuando me hablaba.

Madres, esto es muy importante. Si tu hija *piensa* que no la estás escuchando, lo más probable es que salga enojada del cuarto y se *vaya* a buscar a alguien que la escuchará, ya sean sus amigas, el perro, el chico de la cuadra que le sonríe en el ómnibus o quizá un extraño en el internet.

¡QUIERE QUE LA ELOGIES POR LO QUE ES!

Ahora bien, no te me enojes, ¡pero ella no quiere ser una copia tuya!

¿Eso es nuevo para cualquiera de ustedes?

Tenemos que recordar que los años de la adolescencia están cargados de interrogantes.

Tu hija está tratando de descubrir quién es y cuál es su posición en el mundo.

Cuando te pone los ojos en blanco o tiene un estallido emocional, no es que te odie ni que sea rebelde, sino que está tratando de descubrir si lo que le dices tiene sentido.

En la escuela le han enseñado a cuestionarlo todo. Quizá cuestione su fe y los valores que le has inculcado. Si puedes comprender esto sin incomodarte, te ahorrarás un montón de estrés.

Además, reconoce que ella puede ser diferente a ti. **Tu hija quizá no sea todo lo que te habías imaginado que sería en todos estos años.**

Sus intereses pueden ser bien diferentes de los tuyos. ¡No hay problema! Dios la creó única... *inigualable*.

Kelly y yo somos muy diferentes en muchos sentidos: Ella es trigueña de ojos marrones; yo soy pelirroja de ojos azules. Ella tiene que estar siempre alrededor de la gente, mientras que a mí me encanta estar sola. Para ella nadie es un extraño; yo era tímida e introvertida a su edad.

Creo que conozco su estilo y sus gustos, pero termina devolviendo todo lo que le regalo. Sucedió de nuevo en las Navidades pasadas. Busqué y rebusqué en las tienda para hallar lo que yo pensaba que le *encantaría*, total para que después lo devolviera por algo distinto por completo.

Somos muy diferentes, y a través de los años hemos tenido nuestros choques. Sin embargo, he aquí lo esencial: Sabemos que nos amamos y de eso estamos seguras.

La realidad es que todas tenemos ideas preconcebidas de lo que queremos que sean nuestras hijas. A lo mejor soñabas que se convirtiera en una buena gimnasta o en una pianista clásica, pero prefirió andar con motores o en una moto todoterreno.

Madre, uno de los mejores regalos que le puedes hacer a tu hija es tu respaldo y tu aliento para que desarrolle *sus* intereses, aunque te decepcione un poquito.

Tú eres su mamá, la única persona en el mundo con la que podrá contar cuando le fallen todos los demás.

Sé paciente con ella durante este tiempo. Si no es una cuestión moral, deja que pruebe cosas nuevas y experimente con estilos y nuevos intereses. A la larga descubrirá para qué es buena y qué le conviene más.

Por largos años he tratado y he aconsejado a muchas adolescentes. Aquí tienes algo que he descubierto y que te ayudará a mantener fuertes tus relaciones:

¡Celebra! *Durante estos años, haz de cada hecho memorable una celebración de lo que ella es y de lo que está llegando a ser.*

Si te emociona lo que la emociona a ella, permanecerás conectada y ella querrá hablarte de sus cosas.

Por ejemplo, celebra:

- El día en que cumplió trece años y comenzó su adolescencia. ¡Siempre estuvo esperando ese día! ¡Dale mucha importancia a esa fecha! Haz una fiesta y regálale algo bueno.
- Cuando le quiten sus aparatos de ortodoncia... eso es formidable. ¡Cómprale una bolsa de ositos de gominola o una bolsa grande de chicles de globo!
- Para su primera fiesta o baile de jóvenes y señoritas, llévala a las tiendas a que se compre ropa nueva.
- Cuando la incorporen al equipo de voleibol, prepárale su comida favorita para esa noche.

Cada vez que puedas, ¡haz que se sienta especial!

Todas nos sentimos fracasadas a veces en nuestro papel de madre de nuestras hijas, pero si haces un esfuerzo por ser franca y sincera con ella antes de que sea adolescente, te va a ser mucho más fácil seguir conectada mientras va madurando.

Gracias por sentarse conmigo alrededor de nuestra chimenea, madres. Ahora que hemos hablado de corazón a corazón y hemos tomado nuestras bebidas favoritas, hablemos de otras cosas que son importantes para tu hija adolescente.

14

Sobre Dios y otras cosas

Soy cristiana, pero no entiendo por qué me siento tan vacía. Siento como si Dios se me estuviera escapando. Por supuesto, sé que Él está aquí conmigo. Entonces, ¿qué me está pasando?

Toda la vida he ido a la iglesia. Creo en Dios y me relaciono con Él. Sin embargo, cuando veo a tanta gente que sufre con el sida y las guerras y el hambre, me pregunto dónde está Dios. ¿Por qué un Dios amoroso permite el dolor y el sufrimiento de tantas personas inocentes?

Una amiga mía murió víctima de un chofer borracho. ¿Por qué Dios permite que suceda tal cosa?

¿Cómo puedo estar segura de que soy cristiana? Creo que soy salva, pero sigo haciendo cosas que sé que no están bien y sigo pidiendo perdón. ¿Cómo sé que Dios me perdona de veras?

Casi todos los adultos luchamos con preguntas acerca de Dios, así que es comprensible que tu hija pueda estar batallando también con dudas espirituales. Como es un tema tan amplio, tocaremos algunas cuestiones con las que luchan la mayoría de las adolescentes.

Sentimiento contra realidad: Trata de ayudar a tu hija a entender las diferencias importantes entre los sentimientos espirituales y las realidades espirituales.

Realidad: No siempre percibimos a Dios, pero si somos cristianos, podemos saber sin sombras de duda que Dios está con nosotros.

Municiones: «Les aseguro que estaré con ustedes siempre, hasta el fin del mundo» (Mateo 28:20).

Comenten que a veces uno siente de veras la presencia de Dios. Lo sentimos tan cerca que casi podemos extender la mano y tocarlo. ¡Son momentos maravillosos! Ayúdala a atesorar esos momentos preciosos. Además, explícale que habrá tiempos en los que no sentimos nada. ¿Quiere eso decir que hemos perdido nuestra relación con Dios?

Para responder a eso, hablen del sol. «Mi amor, hay días en que uno siente de verdad el calor del sol, ¿no es cierto? En cambio, hay otros en que uno apenas puede verlo. Puede estar oculto tras una nube o podemos estar en medio de una tormenta. ¿Dudas de la existencia del sol en los días en que no lo sientes?»

Dale tiempo para que te conteste, y luego continúa. «No siempre sentimos el sol, pero sabemos que está allá arriba. Lo mismo es con Dios. Algunos días sentimos cerca su presencia y otros días no lo sentimos. No bases tus relaciones con Dios en lo que sientes; básalo en la realidad. Y la realidad es que Él siempre está contigo como dice la Biblia. Memoricemos juntas Mateo 28:20».

¿CÓMO UN DIOS AMOROSO PUEDE PERMITIR EL DOLOR?

Comenten la escena en el jardín del Edén cuando Eva comió la fruta (Génesis 3:1-6). Dios no planeó el pecado. Pudo haber evitado que Eva comiera de la fruta, pero porque Él nos ama tanto, prefiere concedernos la libertad de escoger. Si nos obligara a que lo amáramos y lo obedeciéramos, nuestra adoración no sería genuina.

Cuando Eva desobedeció a Dios, el pecado entró en el mundo. Y el resultado del pecado fue una creación caída. Debido al pecado, tenemos enfermedades, dolor, muerte, guerras, hambrunas, etc.

—Si alguien está bien enfermo —quizá pregunte tu hija—, ¿es porque hay pecado en su vida?

—No. La enfermedad es el resultado de una creación caída, y aun los buenos cristianos se enferman. Además, los cristianos siguen envejeciendo, luchando con las enfermedades y muriendo. No sufrimos de artritis porque tengamos pecado sin confesar en la vida; sufrimos las consecuencias de un mundo caído.

—Entonces, ¿por qué atacan a personas inocentes? —pudiera preguntarte tu hija.

—Nadie es inocente. Nacimos con pecado. Dios no causa nuestros dolores, sino que lo permite porque vivimos en un mundo caído. Un día viviremos con Él en un mundo eterno y perfecto, y ya no existirán la enfermedad, la tragedia, la maldad, ni la muerte.

SEGURIDAD BENDITA

Quizá recuerdes el viejo himno «Seguridad bendita». Lee con tu hija la letra de esta canción.

Seguridad bendita

¡Seguridad bendita, Jesús es mío!
¡Oh, qué muestra de la gloria divina!
Heredero de salvación, comprado por Dios,
¡Nacido de su Espíritu, lavado en su sangre!
Esta es mi historia, es mi canción,
Todo el día alabando a mi Salvador.

¡Sumisión perfecta, deleite perfecto!
¡Visiones de éxtasis irrumpen ante mi vista!
Los ángeles descienden trayendo de lo alto
Ecos de misericordia, susurros de amor.
Esta es mi historia, es mi canción,
Todo el día alabando a mi Salvador.

Sumisión perfecta, todo está en paz
En mi Salvador estoy feliz y bendecido,
Observando y esperando, mirando hacia el cielo,
Lleno de su bondad, perdido en su amor.
Esta es mi historia, es mi canción,
Todo el día alabando a mi Salvador.
Esta es mi historia, es mi canción,
Todo el día alabando a mi Salvador[1].

Enséñale a tu hija que puede *saber* que es perdonada si en verdad se ha arrepentido de sus pecados, poniendo su confianza en Cristo para que la salve y estableciendo una relación con Él.

Munición: «Porque la paga del pecado es muerte, mientras que la dádiva de Dios es vida eterna en Cristo Jesús, nuestro Señor» (Romanos 6:23).

Coméntale que Dios la ama tanto que envió a Cristo para cumplir la pena de muerte por su pecado, y que Cristo estuvo dispuesto a morir por ella.

Munición: «Él mismo, en su cuerpo, llevó al madero nuestros pecados, para que muramos al pecado y vivamos para la justicia. Por sus heridas ustedes han sido sanados» (1 Pedro 2:24).

Dios hizo esto para demostrar su inmenso amor por nosotros.

Munición: «Porque tanto amó Dios al mundo, que dio a su Hijo unigénito, para que todo el que cree en él no se pierda, sino que tenga vida eterna» (Juan 3:16).

Todo es cuestión de confianza. He aquí lo que Cristo dijo: «Ciertamente les aseguro que el que oye mi palabra y cree al que me envió, tiene vida eterna y no será juzgado, sino que ha pasado de la muerte a la vida» (Juan 5:24).

CURIOSIDADES SOBRE OTRAS RELIGIONES

 Tengo dos hermanastras. Soy cristiana, pero ellas pertenecen a una secta gótica, y adoran a Satanás. He oído que no todos los góticos adoran al diablo, pero ellas lo hacen. No sé cómo lidiar con eso.

 ¿Cuál es el problema de la brujería? ¿Es de veras mala?

 ¿Por qué debo ser cristiana y no musulmana, ni judía ni budista? No dudo que Jesús existe, ¿pero cómo sé que es el Único al que debo servir espiritualmente?

 Tengo algunas amigas que andan metidas en la Wicca. ¿Está bien eso? Me dicen que no hace daño. ¿Es cierto?

 ¿Por qué los cristianos son tan duros con los góticos? Soy una cristiana gótica. Me valgo de las tinieblas por las que he pasado para que otros vean que ellos también pueden salir adelante. Mi ropa, mi maquillaje y mi pelo negros reflejan el dolor que he sufrido. Es una manera de mostrarle al mundo que estoy llevando mi cruz.

 ¿No son casi iguales todas las religiones?

 Tengo quince años y soy cristiana gótica. Por supuesto, esto no me es un problema, pero mis padres están espantados. Me dicen que debo salir de entre los góticos porque hace que la gente piense que me he metido a la brujería, lo que no es cierto ni nunca lo será.

Entonces, ¿por qué mis padres se preocupan tanto de todo esto? Al fin y al cabo, ¿no es más importante lo que crees que lo que pareces? Vaya, si la gente da por sentado que hago cosas malas a juzgar por mi apariencia, eso no es culpa mía.

Solo quiero ser diferente, y sí, parezco una dura gótica de pura cepa, pero no por eso la gente debe juzgar mis creencias.

Es normal que tu hija sienta curiosidad por otras religiones. Dile que el cristianismo puede hacerles frente a todas las dudas e interrogantes que se le pongan en el camino o no hubiera durado más de dos mil años.

No dejes que su curiosidad acerca de otras creencias te asusten. Muéstrale tu disposición a estudiar juntas las diferencias, y ayúdala a comprender que el cristianismo es una verdad genuina mientras que las demás creencias no son más que filosofías temporales.

Un par de tremendos libros que pueden leer juntas son *El caso de Cristo* y *El caso de la fe* de Lee Strobel. El autor fue un laureado periodista que se sintió tan consternado por la conversión de su esposa al cristianismo que decidió demostrar que todo era mentira. Sin embargo, terminó sus investigaciones volviéndose cristiano.

¡Ayuda a tu hija a comprender que el cristianismo es la única fe que sirve a un Salvador resucitado!

¿Gótico? ¡Uf! A veces parece caer bajo este marco, y otras veces es algo peculiar. ¿De qué se trata? Diferentes personas ofrecen diferentes definiciones, pero las adolescentes góticas, en términos generales, visten de negro y se pintan de negro los labios, las uñas y el pelo. Es una expresión externa de cómo se sienten por dentro.

Muchas dirán: «Soy cristiana, pero la vestimenta gótica es mi preferida».

Si bien no deseo juzgar a nadie por su apariencia externa, es natural que se juzgue a un árbol por sus frutos. En otras palabras, si tu hija afirma que tiene fuertes relaciones con Cristo y quiere vestirse de gótica solo porque le gusta hacerlo, fíjate en su fruto cristiano. Si no lo ves, tienes razón de cuestionar sus motivos.

Para discusión: Si estamos enamoradas de Cristo, ¿no vamos a querer reflejar su gozo, su paz y su propósito no solo en nuestros actos sino también en cómo vestimos?

En esta sección incluimos más de los problemas con los que casi todas las adolescentes luchan en la categoría espiritual. Dada la importancia de este capítulo, decidimos responder una por una las preguntas para ayudarte a lidiar como madre con este crítico tema espiritual. Hasta ahora, todas las preguntas que contestamos están dirigidas a ustedes. Sin embargo, queremos cambiar un poco y contestar esas preguntas como si conversáramos con tu hija. Te animamos a que estudies estas respuestas y las hagas tuyas al conversar con tu hija.

 ¿Cómo puedo discernir entre el bien y el mal?

La Biblia, la Santa Palabra de Dios, es nuestra fuente de orientación y verdad. Como cristianas, podemos utilizar su Palabra para ir por el buen camino y evitar desvíos que puedan llevarnos en dirección opuesta.

Fíjate en esto: «La Biblia entera nos fue dada por inspiración de Dios y es útil para enseñarnos la verdad, hacernos comprender las faltas cometidas en la vida y ayudarnos a llevar una vida recta. Ella es el medio que Dios utiliza para capacitarnos plenamente para hacer el bien» (2 Timoteo 3:16-17, LBD).

El Espíritu Santo nos guía también a la verdad. Él es fiel para remorder nuestra conciencia cuando hacemos algo mal y nos da discernimiento para saber cómo tomar decisiones sabias.

 Si Dios de veras me perdonó, ¿por qué me siento tan culpable?

Trata de ver como algo *bueno* el que te sientas culpable cuando haces algo malo. Eso demuestra que tienes una conciencia sensible y que estás sintiendo el toque del Espíritu Santo de Dios dentro de ti. Si no te sintieras culpable después de pecar, no te apresurarías a buscar perdón.

Una vez que te arrepientes, puedes tener la seguridad de que Dios *ya* te perdonó, y no tienes que revolcarte en sentimientos de culpabilidad. No obstante, vamos a conversar un momento sobre el arrepentimiento. La palabra que se traduce arrepentimiento en griego quiere decir dar media vuelta. En los tiempos bíblicos, si uno veía a alguien caminar con rumbo equivocado, le gritaba: «¡Pepe! ¡Arrepiéntete!». Y Pepe daba media vuelta y tomaba el buen camino.

Cuando nos arrepentimos de nuestros pecados, tiene que ser con la actitud de: «Ay, Padre querido, me duele haberte desobedecido. Te he causado dolor y he pecado contra ti. ¡Perdóname! No pienso volver a tomar ese rumbo. Es más, voy a establecer alguna forma de rendir cuentas y tener límites en mi vida para no volver a caer en lo mismo».

Eso es arrepentimiento genuino. En cambio, acostarte con tu novio y decir como si nada: «Lo siento, Dios. ¿Me vas a perdonar?» y sabiendo que es probable que te acuestes de nuevo con él la semana entrante, no es un arrepentimiento genuino.

Si de veras estás arrepentida de tus pecados y te has reencaminado con la ayuda de Dios, Él te perdonó y ya no tienes que sentirte culpable de tu pasado. Seguir sintiéndote culpable después que Dios te perdona es un sentimiento falso. Lee Romanos 3:23-24 para que sepas el perdón que recibiste: «Todos han pecado y están privados de la gloria de Dios, pero por su gracia son justificados gratuitamente mediante la redención que Cristo Jesús efectuó».

 De veras que quiero hablarles de mi fe a mis amigos que no son cristianos, pero temo que se rían de mí o me pregunten algo que no sepa contestar.

El que se rían es una posibilidad. Aun así, ¡no estás sola en eso! La Biblia está repleta de relatos de personas que se vieron perseguidas por causa de su fe. Sin embargo, la mayoría de la gente admira a las personas que se atreven a expresar sus convicciones.

Sé sincera con Dios. Dile que temes hablar de tu fe. Pídele que te dé más confianza. Comienza con algo sencillo como invitar a tus amigos a asistir a una actividad de tu grupo juvenil como una fiesta de pizza o algo parecido. Quizá no pase mucho tiempo antes de que un amigo *te* pregunte sobre lo diferente que es tu vida.

Y recuerda: No estarás sola. Dios promete estar contigo y fortalecerte. Fíjate en lo que el apóstol Pablo le dijo a Timoteo: «Que con urgencia prediques la Palabra de Dios; que lo hagas a tiempo y fuera de tiempo, cuando convenga y cuando no convenga» (2 Timoteo 4:2, LBD).

 ¿Por qué Dios no escucha mis oraciones?

¿Sabes qué? ¡No eres la primera persona que lo pregunta! En el Antiguo Testamento, el profeta Habacuc preguntó lo mismo. Es más, su libro solo tiene tres capítulos, y en el primer capítulo es básicamente una lista de preguntas: «¿Por qué sufren los buenos? ¿Por qué los malos parecen prosperar? ¿Por qué no contestas mis oraciones por tu pueblo?».

La verdad es que Dios *sí* contesta nuestras oraciones. Contesta todas las oraciones que elevamos; solo que Él no siempre las responde como queremos que lo haga. Y no siempre las contesta *cuando* queremos que lo haga, pero siempre las responde. Mira una de las respuestas que le dio a Habacuc: «Pero las cosas que planeo no ocurrirán inmediatamente. Lentamente, con tranquilidad, pero con certeza se acerca el tiempo en que la visión se cumplirá. Si parece muy lento, no desesperes, porque estas cosas tendrán que ocurrir. Ten paciencia. No se retrasará en un solo día» (Habacuc 2:3, LBD).

 ¿Por qué Dios me hizo tan fea?

¡Vaya, vaya! La Biblia dice que fuimos hechos a la imagen de Dios (Génesis 1:27). Pudiera haber algo en ti que no te hace feliz (casi todo el mundo siente eso, ya sea que tenga la nariz demasiado grande, que sea demasiado bajita, que le gustaría que su cabello tuviera otra textura, etc.), pero eso no quiere decir que seas fea.

Trata de verte desde la perspectiva de Dios. ¡No eres un accidente! Dios te creó, y te creó tal como eres para gloria de su nombre. Pídele que te enseñe a amarte tú misma de la forma en que te ama Él.

Fíjate en esto: «¡Qué manera de falsear las cosas! ¿Acaso el alfarero es igual al barro? ¿Acaso le dirá el objeto al que lo modeló: "Él no me hizo"?» (Isaías 29:16).

En otras palabras, ¿cómo vas a discutir con tu Creador si sabes que Dios es omnisciente, todo amor y perfecto?

 He estado enojada con Dios desde hace mucho tiempo. Me mudé el verano pasado, rompí con mi novio y hasta ahora no he hecho nuevos amigos. Sé que necesito tener una relación con Dios, pero cada vez que oro creo que estoy diciendo cosas que no siento.

Creo que todo tiene una explicación, pero he estado deprimida en los últimos meses. Hablé con el pastor de jóvenes y mis padres, pero nada ha mejorado. ¿Qué puedo hacer para estar menos enojada y no tan deprimida?

Lo sentimos por ti. Es duro dejar uno a sus amistades y mudarse a otro lugar. Sin embargo, Dios no te causó ese dolor. Te está permitiendo que te sientas sola ahora, pero todo eso puede tener un lado bueno. Tú misma dijiste que necesitas tener comunión con Dios. Aprovecha este tiempo para acercarte *ahora mismo* a Él. No tienes nada ni nadie que te distraiga de fomentar una profunda intimidad con Él, así que sácale partido a eso. Luego, sigue orando a fin de que Dios ponga algunos amigos cristianos en tu camino.

Quizá hayas oído hablar de «Nos veremos en el asta» [en inglés es «See You at the Pole»]. Es una actividad anual en la que los estudiantes de toda Norteamérica se reúnen junto al asta de la bandera el cuarto miércoles de septiembre para orar los unos por los otros y por su escuela. Te exhortamos a que participes en esta actividad, porque saca de debajo de las piedras a un gran número de cristianos. Es probable que allí puedas establecer amistad con algunos estudiantes.

Además, procura conectarte con algún club cristiano en el campus (Juventud para Cristo, Hermandad de Atletas Cristianos, un estudio bíblico), y participa en el grupo de jóvenes de tu iglesia. Estas son magníficas maneras de ganar amigos.

 Este es el asunto: Me siento como si fuera una hipócrita. Sí, soy cristiana, pero Dios parece estar a un millón de kilómetros de mí. Tengo muchas dudas en cuanto a Dios. ¿Está de veras cerca de mí? ¿En realidad le importo yo y todo lo que me está pasando?

Todo lo que te concierne a ti le concierne a Dios. No hay nada en lo absoluto demasiado GRANDE ni demasiado pequeño cuando oras. Si Dios se interesa tanto en ti que conoce cuántos cabellos tienes en la cabeza (Mateo 10:30), ¡claro que se interesa en cómo te sientes!

La Biblia tiene algunos consejos magníficos en cuanto a entregarle tus problemas al Señor: «Depositen en él toda ansiedad, porque él cuida de ustedes» (1 Pedro 5:7) y «Encomienda al Señor tus afanes, y él te sostendrá; no permitirá que el justo caiga y quede abatido para siempre» (Salmo 55:22).

Sí, a Dios le importas, y aunque desea que le presentes todos tus problemas, también es sabio llevar nuestros problemas a otros cristianos que pueden orar por nosotras y orientarnos con sabiduría.

Considera hablar con tus padres, con tu maestro de Escuela Dominical, con tu líder de jóvenes o con cualquier otro adulto de tu iglesia.

Nota

1. Traducción libre del himno «Blessed Assurance»; letra de Fanny J. Crosby, 1820-1915; música de Phoebe Palmer Knapp, 1839-1908.

15

Tus relaciones con tu hijastra o hija adoptiva

Quizá tengas una hijastra en la casa, o quizá adoptaras a una niña. A veces esto puede traer consigo otra serie de dificultades. Veamos ambos casos.

TU HIJASTRA

Las relaciones con tu hijastra no tienen que ser tan difíciles como pudieran parecer. Aunque es una enorme transición para ti el tomar el papel de madrastra, tal vez sea una transición tan enorme (o aun mayor) para tu hijastra adolescente. Démosle una mirada a algunas maneras de hacer más suave la transición para ambas.

Primera sugerencia: Enfatiza lo positivo

Tu hijastra quizá esté contigo porque murió su madre biológica o por causa de un divorcio. Cualquiera que haya sido la razón, jamás digas nada negativo ni derogatorio sobre su madre. No sería mala idea comprar un marco de fotos creativo y entregárselo para que ponga una foto de su madre en algún lugar. Dile tantas cosas positivas sobre ella como puedas. Eso la ayudará a ver que eres un seguro refugio para ella y, con el tiempo, se dará cuenta de que puede hablar contigo con plena libertad como si fueras su madre. Con todo esto, poco a poco tus nexos con tu hijastra se irán fortaleciendo.

Segunda sugerencia: Haz cambios graduales

Si de veras es necesario hacer algunos cambios en la rutina de tu hijastra, no los hagas de súbito. Quizá sea necesario cortar en las cosas extras por razones económicas, y tengas que omitir sus lecciones de ballet. Sacrifica algo de lo tuyo al principio, y luego poco a poco vayan hablando del ballet (u otra cosa donde quieras cortar). Hablen al respecto con frecuencia. Sé franca con ella. Sé sincera en cuanto a los motivos (financieros, de tiempo, etc.). Esto la ayudará a ir entendiendo el cambio y, a la larga, lo aceptará en vez de estar acusándote de romper su rutina.

Tercera sugerencia: Crea nuevas tradiciones

Si hay algunas tradiciones muy queridas a las que tu hijastra estaba acostumbrada, sigue esas tradiciones. Por ejemplo, si en Navidad acostumbraban a comer jamón, mantenle la costumbre. Si se le permitía abrir un regalo antes de las Navidades, permítele seguir teniendo ese privilegio. Discute con ella el valor de las tradiciones y la satisfacción que producen, y que no vas a privarla de sus costumbres favoritas.

Aun así, dile también que te gustaría crear otras nuevas tradiciones con ella. Por ejemplo, que las dos van a escoger nuevos adornos para el árbol de Navidad para los próximos tres años. Quizá sea una bebida especial que las dos van a preparar (digamos chocolate caliente con menta o rompope). O tal vez se tomen una foto de las dos en el mismo lugar todos los años. Por ejemplo, ustedes dos con una pelota de playa frente a la casa. Al año siguiente, en la misma fecha, tómense otra foto con las mismas cosas. Será simpático ir poniéndolas todas en una pared año tras año, y luego ver cómo ambas han ido cambiando a través de los años.

Cuarta sugerencia: No mantengas en secreto tu amor

Hazte el propósito de decirle «hasta la saciedad» cuánto la quieres y lo mucho que significa para ti. Escríbele una nota y métesela en su billetera, cartera o mochila. Déjale mensajes en el espejo de su cuarto. Todos los días dile en persona cuánto la quieres. Y explícale *por qué*. Demasiados padres y padrastros dan por sentado que sus adolescentes saben que las aman, pero he conocido muchas adolescentes que escuchan demasiadas pocas veces las muy apreciadas palabras que deben oír de un padre: «¡Te amo!».

Quinta sugerencia: Ora. ¡Ora! ORA.

Estoy dando por sentado que estás orando *por* tu hijastra, pero también quiero exhortarte a que ores *con* ella. Puede ser un poco pesado al principio, y ella pudiera oponerse por completo. En cambio, es importante lograr que esto suceda. Siéntate en el borde de su cama por la noche y dale gracias a Dios por ella. Aprovecha la oportunidad cuando la llevas en auto a algún lugar y dale gracias a Dios por ella en voz alta. ¡Permite que te escuche orar por ella y con ella a menudo!

TU HIJA ADOPTIVA ADOLESCENTE

Es probable que te haya costado trabajo en alguna ocasión hablar de la adopción de tu hija con ella. Cuando por fin saliste de ese obstáculo, te viste frente a otro: Se siente rechazada por su madre biológica que la entregó en adopción. Es crítica la manera en que lidias con sus sentimientos, a fin de guiarla para que tenga una sólida y confiada autoestima.

Primera sugerencia: Su sentimiento de rechazo es verdadero

No trates de restarle importancia. Es probable que *sientas* deseos de decirle: «¿Cómo puedes sentirte rechazada si te hemos estado bañando de amor todos estos años?». Mejor dile: «Sí, has tenido una tremenda pérdida en tu vida. Es lógico que te duela. Oremos juntas por eso. Aun así, también démosle gracias a Dios por permitir que tu nueva familia llene el vacío que has experimentado».

Segunda sugerencia: Esto es parte de su proceso de desarrollo

Tu hija puede sentirse culpable de no haber motivado a su madre biológica para que se quedara (aunque quizá fuera demasiado pequeña para recordar a su madre biológica). De todos modos, el sentimiento de por qué no pudo retener a su madre puede acosarla.

Puede que tengas *deseos* de decirle: «¿Cómo vas a pensar que fue culpa tuya? Eras apenas una bebé». Más bien dile: «Entiendo que te gustaría poder cambiar el pasado. Y si pudieras hacerlo, las cosas podrían ser diferentes hoy. Sin embargo, ¡ahora eres una princesa del Rey de reyes! Él tiene grandes sueños para ti. Vamos a pedirle que te ayude a enfocarte en el increíble futuro que tiene para ti, en vez de estar pensando en lo que pudiera haber sido en el pasado».

Tercera sugerencia: Entiende que tu hija estará herida

Aunque nunca haya conocido a su madre biológica, pudiera decir: «Me hace falta. La quiero». Sentirás *deseos* de decirle: «¡Pero tu papá y yo deseábamos mucho tenerte!». No trates de arrancarle ese dolor. Deja que llore. Deja que exprese el dolor de lo que perdió. Ella ni siquiera entiende bien sus propios sentimientos. Aunque no puedes entender a cabalidad sus luchas, puedes tratar de solidarizarte con ella. Di algo así: «No sé muy bien cómo te sientes, pero déjame hablarte de una vez en que me sentí perdida, confundida y rechazada».

Déjala llorar y llora con ella. Recuerda que cuando se muestra enojada pudiera ser que no sepa cómo lidiar con su dolor. Oren juntas a menudo, y piensa en la posibilidad de llevarla a un consejero cristiano para resolver la ira y los sentimientos de rechazo que pudieras notar.

16

«Tienes dieciocho... ¿Y qué?»

¿Está tu hija restregándote que ya tiene dieciocho años? Desde los doce años, muchas adolescentes comienzan a decir: «¡Deja que tenga dieciocho años! Entonces podré hacer lo que se me antoje, y no tendré que seguir tus tontas reglas».

Aunque cumplir los dieciocho años es motivo de celebración, tu hija *no debe creerse* que al cumplirlos ya puede hacer lo que le venga en gana. Tú sigues siendo la madre; ella sigue siendo la niña.

NO AGITES LAS AGUAS

Muchos padres tienen miedo de agitar las aguas, y por querer conservar la paz, transigen y no se mantienen firmes en sus posiciones como padres. Hace poco tuve (Susie) una conversación con la madre de una adolescente que había estado probando drogas. Estaba desesperada.

—¿Qué hago? ¡Dígame! —me suplicó.

La animé a recordarle a su hija cuánto la amaban y que iban a ayudarla en el problema, pero que tenía que ser totalmente sincera en cuanto al caso.

—Así lo he hecho —contestó—. Pensé que estaba siendo sincera. No me imaginaba que había vuelto a probar la mariguana. Le sugerí que buscaran ayuda profesional. Ya lo habían hecho. Entonces esa madre procedió a informarme sobre la cultura juvenil.

—Usted no entiende, Susie. Esa es la cultura en que vivimos. Me dice que todos han probado la mariguana, y no ve nada malo en eso.

Le recordé que era ilegal.

—Eso fue lo que le expliqué —me respondió la madre—. Sin embargo, me dijo que eso era estúpido y que no es peor que fumar un cigarrillo o tomar bebidas alcohólicas. Cree que deben legalizar la mariguana.

LA VERDAD DE DIOS

—Pero *no* es legal —le recordé a esa madre—. Ella podrá pensar que no es malo fumar mariguana, o que no es malo robarse un paquete de chicle ni tampoco copiar de otro en un examen. Aun así, piense lo que piense, esas cosas siguen siendo malas. Está viviendo en un mundo de fantasía si no acepta la realidad de que está quebrantando la ley cuando fuma mariguana.

—Pero no sé qué hacer.

—En todo esto algo más está pasando aparte de quebrantar la ley —le dije—. Su vida espiritual también está en problemas.

—Bueno, un pastor me dijo que lo que tenía que hacer era seguirle la corriente —me respondió la madre—. Me dijo que la mayoría de los adolescentes prueba algún tipo de droga, y *ahora* casi todos son buenos chicos.

¡¿Qué?!

Pedí disculpa por el «consejo» que le dieron, y en secreto cuestioné el llamamiento de aquel pastor.

¡SÉ UNA MADRE!

—No quiero agitar las aguas —continuó la madre.

—Ella todavía es una niña, y tú eres su madre —le recordé—. Dile que mientras viva en esa casa tiene que seguir tus reglas.

—¡Pero tiene dieciocho años! Y siempre me lo está recordando. Temo que se me vaya.

—Ahí es cuando actúa un amor firme. No dejes que utilice la cuestión de su edad para manipularlos a ti y a tu esposo y tirar por el suelo las normas que han establecido. Dile que la amas con el alma, que morirías por ella, pero que mientras viva en tu casa tiene que obedecer las normas. De lo contrario, tiene que irse.

Sí, me siento algo enojada al escribir esto. Estoy cansada de que las adolescentes controlen a sus padres. Y me parte el corazón ver padres que temen ser los adultos en sus relaciones padres-hijos.

En cambio, ¡*hay* esperanza!

ESTRATEGIAS PARA NORMAS ALTAS

Aunque tu hija adolescente se acerque con rapidez a los dieciocho años de edad, eso no significa que debas comprometer tus normas.

Elisa tiró la puerta de su cuatro y gritó a través de las paredes. «¡No es justo! ¡Qué deseos tengo de cumplir dieciocho años!»

Natalia tiró los libros en la mesa de la cocina y se volvió a su papá. «¿Ah, sí? ¡Pues ya tengo dieciocho años! O aflojas un poco o me largo de este nido de ratas».

Aunque muchas adolescentes blanden la edad para manipular el control de los padres, quiero (Susie) exhortarlos a mantenerse firmes y seguir aplicando normas piadosas en el hogar. No importa si tu hija tenga doce, quince o dieciocho. Repito, todavía es una niña y tú sigues siendo la adulta. Y mientras esté viviendo en tu casa, ella está bajo tu jurisdicción. Tienes una responsabilidad legal para asegurarte de que obedezca la ley, y tienes una responsabilidad espiritual para guiarla con normas piadosas.

HAY QUE COMENZAR DESDE EL PRINCIPIO

Quizá hayas establecido y mantenido normas piadosas por años, o tal vez acabas de empezar a aplicar tales normas. El mejor lugar para empezar es el principio. *Dale a conocer tus normas.* Que no quede duda en la mente de tu hija sobre lo que se espera de ella. Dile cuál es tu posición en cuanto al alcohol, las horas de regreso a la casa, las actividades nocturnas y la asistencia a la iglesia. Infórmale que, sin importar si tiene dieciséis o dieciocho años, las normas permanecen iguales.

Infórmale las consecuencias. Cuando tu hija no cumpla con las normas, debe haber consecuencias. Hace poco hablé con un par de madres que sabían que sus hijas estaban andando con mariguana. «Bueno, no creo que lo vuelva a hacer», dijo una de las madres. No había asomo de consecuencias. Cuando quebrantamos las normas, parte de nuestra responsabilidad es aprender a enfrentar las consecuencias. Estas pueden ser quedarse en casa sin salir, limitar las llamadas telefónicas o el acceso a la computadora, etc. Por lo tanto, comunícale esas consecuencias.

Recuérdale que de veras lo haces todo por su bien. Cuando uno tiene dieciséis años, es difícil de creer que nos digan: «Esto me duele más a mí que a ti». En cambio, lo entenderá cuando tenga veinticinco. En medio de su llanto, enojo y confusión sigue diciéndole cuánto la amas y que deseas lo mejor de Dios para ella.

MANTENTE FIRME

¿Y qué si tu hija se va de la casa? ¿Qué tal si se va a la casa de una amiga donde no tienen tantas reglas? Es entonces que se necesita que un amor fuerte entre en acción. NO CEDAS

TERRENO. No transijas en cuanto a tus normas porque tu hija te amenace. Tú eres la madre; ella es la hija. Recuérdale que tiene un gran llamado en su vida. Enfatiza el hecho de que has establecido normas cristianas en tu hogar porque tendrás que rendirle cuentas a Jesucristo. Dile que te destrozaría si se va de la casa, pero si no quiere obedecer las normas, tu casa no puede seguir siendo la suya.

Sí, eso parece horrible. El amor firme siempre es duro. No obstante, ¿cuál es la alternativa? Transigir en tus normas es permitir que tu hija te manipule, y eso amenaza sus relaciones con Dios. En conclusión: Quieres que tu hija pase la eternidad en el cielo. Haz el esfuerzo ahora para establecer normas santas en tu hogar y ora para que pasen a formar parte de su estilo de vida.

17

Tú dijiste... Ella entendió...

Es muy probable que te haya pasado esto.

Es más, todas las madres de hijas adolescentes lo han experimentado. Tú haces un simple comentario. ¡O hasta elogias a tu hija!

Ella malinterpreta lo que dijiste, y se produce una diatriba emocional. Lo llamaremos «Tú dijiste... Ella entendió».

Comenzó como una inocente observación: tu hija se cambió el peinado.

Tú dijiste: «Eh, tu pelo luce diferente hoy». Querías decir que lo notaste y pensabas que le quedaba bien.

Ella entendió: «Tu pelo está diferente y ridículo». *Mejor es que no ande probando nada nuevo; la gente me hallará rara y se reirá de mí.*

Tú dijiste: «¿Por qué no te pones la blusa rosada en vez de la azul?». Pensabas que le quedaría mejor.

Ella entendió: «Lo que te pusiste no te queda muy bien». *No tengo buen gusto y no sé cómo vestirme.*

Tú dijiste: «No vas a poder terminar los deberes si primero te pones a ver esa película». Querías decir que sabías que iba a estar demasiado cansada para hacer los deberes escolares si no los hacía primero.

Ella entendió: «Tú no sabes aprovechar el tiempo ni eres responsable al hacer los deberes». *Soy tan estúpida para saber que tengo que hacer los deberes escolares.*

Ahora sientes que no debes decir nada por miedo a que tuerza lo que *digas* al respecto y lo use en contra tuya. Nada que digas sale bien porque ella se ofende.

Ah.

¿Qué debe hacer una madre? No se puede ganar para perder.

Primero, consuélate sabiendo que todas las madres de chicas adolescentes pasan por lo mismo. No eres la única exasperada por la falta de entendimiento con su hija.

Sin embargo, ¡hay buenas noticias! *Hay* algunas cosas que puedes hacer para decir lo que tienes en mente y que tu temperamental hija pueda captar lo que de veras estás tratando de decirle... sin hacer de cada conversación una catástrofe.

PIENSA ANTES DE HABLAR

Tu temperamental y muy probablemente insegura adolescente está tratando con desesperación de encajar entre sus amistades. Señalarle algo que la haga sentirse inferior a otras personas o diferente la pondrá a la defensiva al instante.

Comienza tus comentarios sobre su ropa, su pelo o su apariencia con algo positivo. Hazla sentirse *bien* consigo misma, aun si tienes que morderte la lengua en cuanto a algo que lleve puesto que pueda parecerte ridículo. Tu hija está tratando de descubrir quién es ella y cuál es su estilo. Alienta su individualidad aunque la detestes.

ESCUCHA PRIMERO, HABLA DESPUÉS

No expreses tu opinión a menos que te la pida. Muchas adolescentes dejan de hablar con sus madres porque estas les dan una disertación cuando lo que querían era conversar. A veces tu hija lo que quiere es que la escuches y no que la aconsejes. Acéptalo. Cuando quiera un consejo tuyo, te lo pedirá si sabe que has de hablar *con* ella y no *a* ella.

Cuando le concedes a tu hija la libertad de hablar contigo sin miedo a que la regañes o a que le hables con un tono de superioridad, sentirá que puede acercarse a ti para expresarte sus más íntimos pensamientos y sentimientos. Sé accesible. Por lo general, eso quiere decir escuchar más que hablar.

PREGUNTA, NO SUPONGAS

A veces a los padres les es fácil saltar a conclusiones sin tener todos los datos. Por ejemplo, tu hija regresa veinticinco minutos más tarde de lo acordado, y antes de dejar que explique lo que sucedió, das por sentado que violó la norma y que debe haber estado haciendo algo indebido.

Tu regaño por su falta de consideración y por haber hecho que te preocuparas cerrará de un portazo las puertas a cualquier comunicación. Dale la oportunidad de que explique lo sucedido. Dile que le crees lo que te dijo, y que debe haber surgido algo que la hizo llegar tarde y que debía haberte llamado. Así no te sentirás tan mal cuando te diga que tuvo que acompañar a una amiga a su casa. Hazle ver a tu hija que confías en ella a menos que te dé motivo para lo contrario.

TRATA DE ENTENDER SUS SENTIMIENTOS

Cuando llegues a ser madre de una adolescente, tu propia adolescencia estará bien atrás en tu memoria. Las responsabilidades y demandas de la vida de una adulta han alterado tus recuerdos de lo que significa tener esa edad. Ahora tienes cuentas que pagar, un hogar que atender y más cosas en tu cabeza que lo de si a tu hija la van invitar o no a una fiesta de pijamas a la que van a ir las mejores chicas de la escuela el viernes por la noche. Si no la invitan, no es el fin del mundo, por lo menos no de *tu* mundo.

La supervivencia social es fundamental para una adolescente. No sentirse incluida puede serle tan devastador como para ti perder la oportunidad de comprar tu apartamento favorito a precio de liquidación. Sé sensible a sus sentimientos aunque te puedan parecer triviales.

EVITA LAS LUCHAS POR EL PODER

A veces las muchachas temperamentales dicen cosas para mortificar a sus padres. Antes de alterarte demasiado, respira hondo y toma en cuenta la fuente. El objetivo es abrir la comunicación, no la confrontación. Nunca entres en una potencial discusión si alguna de las dos está cansada, hambrienta o a punto de salir a la calle. Decidan discutir el caso en otro momento en que ambas puedan pensar con más claridad. Cada vez que sea posible, dale a tu hija la oportunidad de determinar las consecuencias de un comportamiento inapropiado o irrespetuoso.

PIDE DISCULPAS SI ES NECESARIO

Los padres no siempre lo hacen todo bien. ¡Nadie sabe mejor esto que nuestras hijas! Cuando falles, no temas pedirle perdón. Eso le enseñará que estás dispuesta a reconocer tus errores, así como lo que está bien y lo que está mal. Es una lección esencial que debemos aprender en la vida. Tu hija te respetará por eso.

La mayoría de las chicas en verdad necesitan pasar más tiempo con sus padres, pero a menudo sienten que sus reuniones terminan en discusiones y disgustos. Además, a veces tienen dificultad en expresar sus sentimientos sin que las malentiendan, y por eso optan por no conversar de cosas que las están molestando. ¿Cuál es la solución?

A veces es fácil: Pasen más tiempo con ellas y disfruten de la compañía mutua. No hagan de cada interacción una gran producción. No tienen que hablar de sus calificaciones en la escuela ni de lo desordenado que mantiene su dormitorio cada vez que estás con ella. ¡Convierte en algo agradable el estar juntas!

Sermonea lo menos posible. Es más, no sermonees nunca. A los adolescentes no les gusta que les hablen como a niños. Habla con tu hija como lo harías con una amiga adulta. Te responderá mucho mejor si le muestras un poco de respeto por tener cerebro y capacidad de usarlo.

Si eres como la mayoría de los padres, cuando vienes a ver estás reaccionando ante tu hija como tus padres reaccionaban ante ti y tú detestabas. Piensa en esto; piénsalo de verdad, y con toda intención pon en práctica una nueva forma de comunicarte con tu hija.

A veces no es lo que decimos, sino cómo lo decimos. Evita decir cosas que la pongan a la defensiva como:

«Tú nunca...».

«Tú siempre...».

«Eres demasiado joven para entenderlo».

«No tienes que saber nada de eso».

«¡No me importa lo que tus amigas están haciendo!»

«Si vuelves a decir eso, voy a...».

«¡Cuidado con lo que dices, jovencita!»

«¿Dónde oíste eso?»

Este tipo de reacciones son un portazo a cualquier conversación con tu hija.

En vez de eso, prueba maneras diferentes que alienten la conversación como:

«Eso me parece importante para ti».

«¿Qué opinas de eso?»

«¿Quieres hablar de eso?»

«Esa es una buena pregunta».

«¿Qué pensaste cuando...?»

«¿Qué te hizo sentir?»

«¿Te asustó?»

«¿Qué harías si fueras...?»

Este tipo de interacciones son una invitación a expresar sus sentimientos e ideas en un ambiente seguro y le muestra que valoras sus opiniones.

BENDICE, NO CRITIQUES

Si vienes a ver, lo que tu hija quiere de ti es tu bendición. Bendecirla es animarla al hablarle de una manera positiva y afirmativa... desearle lo mejor.

Quiere que la apoyes, pero que no la controles.

Que la ames tal como es; que no trates de cambiarla.

Acepta las diferencias y alienta su singularidad.

No la inutilices haciéndole creer que no basta ser como es. Ya recibe suficiente de eso de sus compañeros y los medios de comunicación.

Hazla sentirse *especial* cada vez que puedas. A la larga, ¡serás la que reciba los beneficios de haber criado una joven emocionalmente saludable y segura de sí misma!

LO ÚLTIMO, PERO NO MENOS IMPORTANTE

Lo más importante que puedes hacer por ti misma *y* tu hija adolescente es disfrutar juntas estos años. Nuestras hijas crecen y se van en un abrir y cerrar de ojos. Tu actitud en cuanto a tu experiencia junto a tu hija en estos años será determinante.

¿Sabes qué más? La actitud se elige. Puedes *optar* por estar molesta y ansiosa durante la adolescencia de tu hija o hacer que sea divertida y memorable.

Habrá obstáculos en el camino, no hay duda de eso. En cambio, la manera en que decidimos enfrentar esos obstáculos determinará si la navegación por esos años con tu hija será un tiempo divertido y positivo para ambas o una horrible experiencia que querrás olvidar.

Tu chica necesita saber que la amas y que siempre estarás a su lado pase lo que pase. *Dile* que la amas. Si se lo dices pero lo que haces no lo expresa, tus palabras serán huecas.

Hace poco estuvimos en los alrededores de Washington en CLOSER, una de nuestras conferencias de madres e hijas. Leslie Koepke estaba terminando su mensaje. Habló de crecer en una casa donde jamás se escucha la frase «Te quiero» en labios de la madre. No queremos echarte a perder el mensaje en caso de que no hayas estado en una de esas conferencias, pero Dios con el tiempo ayudó a Leslie a sobreponerse *a pesar de que* nunca escuchó esas preciosas palabras en labios de su madre. Dios la fortaleció para que saliera victoriosa. Al final del mensaje, Leslie pidió que se volvieran unas a otras, se dijeran «Te quiero» y se dieran un abrazo.

Es probable que nadie lo notara (nosotras estábamos de pie en la parte de atrás del auditorio), pero vimos a una madre y a una hija paradas junto a las demás, pero sin mirarse una a la otra, sin reconocerse, sin tocarse y sin siquiera hablarse. La muchacha se quedó allí mirando a su alrededor a las otras madres e hijas que se abrazaban. La madre solo miraba al frente.

Claro, no sabíamos lo que sucedía entre ellas. No obstante, para que sus relaciones sanaran, una de las dos tenía que tomar la iniciativa. Madres, *¡tomen ustedes la iniciativa!*

«Ah, claro, eso es muy fácil decirlo», es probable que quieras decirnos. «Yo soy aquella madre. No sabes las veces que he tratado de acercarme a mi hija y me ha dicho que me odia». O: «He intentado abrazarla, pero no quiere y se aparta. Es imposible expresarle amor».

Sigue insistiendo.

¿Cuántas veces Dios se ha dado por vencido contigo? ¡NINGUNA!

¿Cuándo ha dejado de intentarlo? NUNCA.

Entonces, ¿cuántas veces debes darte por vencida con tu hija? ¡NINGUNA!

¿Cuándo debes dejar de intentarlo? NUNCA.

«¿Aun cuando me rechaza? ¿Aun cuando no me tiene en cuenta? ¿Aun cuando de veras se marcha?»

Sí. Aun en ese momento. Sobre todo en ese momento.

No, no es fácil. Sin embargo, el amor nunca se da por vencido.

Dios lo hace contigo.

Imítalo, entonces, y hazlo por tu hija.

AUTODESTRUCCIÓN

LA BATALLA DE UNA JOVEN CON LAS HERIDAS

Imagínate tener un dolor tan grande por dentro que sentir un dolor físico por fuera puede ser soportable.

Chave tenía quince años cuando comenzó a herirse. «Mi autoestima estaba por el suelo», dice, «y siempre me estaba acusando». En un esfuerzo por eliminar de su mente la profunda herida que llevaba dentro, Chave comenzó a herirse y a quemarse con un rizador de pelo.

¿POR QUÉ?

El dolor de Chave comenzó a principios de su adolescencia. «Cuando tenía once años», contó, «mi familia se mudó a Israel. Estando de vacaciones en una playa, un salvavidas de veintinueve años me violó».

No se lo dijo a nadie porque como la invitó a dar un paseo y ella aceptó voluntariamente a montarse en el auto con él, dio por sentado que la violación fue por su culpa. Así que estaba avergonzada.

«No sabía qué hacer con todo aquel dolor», siguió contando. «No se me quitaba. Seguía creciendo y royéndome por dentro».

A pesar de la pesadilla que experimentó en la playa, Chave disfrutaba la vida en otro país y aprender acerca de una cultura diferente. «Papá era rabino», dice, «y a mi familia le encantaba estar en Israel».

Cuando tenía quince años, su papá decidió regresar con su familia a Estados Unidos. «Yo no quería regresar», explica Chave. «Me volví muy amargada por tener que mudarnos otra vez... y a un lugar tan lejano. Me estaba acostumbrando a la cultura, a la comida, al clima y a la gente».

DESEOS DE ENCAJAR

Cuando Chave volvió a Estados Unidos, se sintió como una extraña. «Pasaba mucho tiempo tratando de ver dónde encajaba», recuerda. «Todos mis amigos habían cambiado. Era bien difícil encontrar algo en común con los demás, ni siquiera con mis mejores amigos. Todos me hallaban rara».

Chave descubrió que una de sus amigas tenía bulimia. «Yo siempre le había tenido horror al sobrepeso», dice, «y el que una de mis amigas fuera bulímica me llevó a obsesionarme más con el peso».

Como todavía escondía el dolor de la violación, no tardó en tratar de llenar el vacío que sentía en su vida controlándose el peso. Comenzó a vomitar tres veces al día hasta que llegó el momento en que todo lo que comía la enfermaba.

Sus padres notaron los cambios en su hija y trataron de ayudarla, pero como Chave se había propuesto seguir escondiendo su dolor, se veían limitados en lo que podían hacer. Sin embargo, *la llevaron* a un consejero.

EL DOLOR NO DESAPARECE

No solo estaba lidiando con el secreto de la violación, las fluctuaciones de su peso y el rechazo de sus amigos, sino que el abuelo de Chave se dio un tiro y murió un mes después de haber regresado ella de Israel. «Lo vi un día, y al día siguiente murió», recuerda.

«No quería seguir soportando todo el dolor que llevaba dentro. Estaba ansiosa de poder arrancarme de la mente la tristeza y la confusión que sentía», dice. Entonces un día, en casa de una amiga, cuando tenía quince años, tomó una aguja de coser y se arañó las manos y los brazos. «Más tarde le dije a mamá que el gato de mi amiga me arañó», cuenta.

»Por un lado me decía: *No puedo creer que esté haciendo esto.* En cambio, por el otro lado, esto lograba adormecer de alguna forma el dolor que llevaba por dentro al enfocarme en un dolor diferente: un dolor físico externo».

¿HAY ESPERANZA?

A Chave por fin la hospitalizaron por excesivas herida y un intento de suicidio. Le diagnosticaron una profunda depresión y la recluyeron en una institución. «Me sentía muy lejos de Dios», recuerda. «No dejaba de pensar: *No me puede amar. ¿Por qué me va a amar? Soy demasiado indigna. No valgo nada*».

Sin embargo, los padres de Chave y la familia de la iglesia siguieron amándola y orando por ella. Cuando le dieron de alta en el hospital, comenzó a asistir con regularidad a un estudio bíblico para mujeres junto con su mamá. «Duraba cuatro horas», explicó. «Traíamos nuestros libros de estudio y leíamos en voz alta y de veras que nos sumergíamos en las Escrituras».

A Chave le encantaba bailar cuando niña, y un día el grupo de estudio bíblico estaba escuchando cierta música suave durante su tiempo de oración y adoración. «La canción era "El Shaddai"», recuerda Chave. «Siempre me había gustado ese canto. Sentí que Dios me estaba tocando de una forma especial. A los pocos minutos, me levanté y dancé para las mujeres».

Después las mujeres rodearon a Chave y oraron con ella. «Le entregué a Dios mi vida entera», dice. «Lo puse todo en sus

manos. No puedo regresar al hospital. No puedo seguir destru-
yéndome. No puedo seguir destruyendo el templo que Dios me
ha dado».

¿Se siente tentada todavía? «Voy a serles sincera», dice Chave. «Todavía lucho con la tentación de autolesionarme. Todavía
batallo contra la bulimia, pero Dios está trabajando conmigo.
Algunos de mis problemas pudieran tomar tiempo en resolver-
se, pero Dios no se va a dar por vencido conmigo. Me he puesto
bajo su cuidado, y con su ayuda sé que voy a vencer.

»Ahora estoy mucho más apegada a mis padres», dice. «La
mayor ayuda que me han dado es hacerme ver que no se están
dando por vencidos conmigo. Me abrazan mucho. Me sonríen
con los ojos y también con la boca, y de un millón de formas
me muestran que me aman.

»Mis padres me compraron un diario y me aseguraron que
era para que expresara mis pensamientos y que nadie iba a leer-
lo a menos que yo quisiera que lo hicieran. Eso me da mucha
seguridad. Así que ahora estoy poniendo por escrito mis pensamientos», dice. «Eso me aclara la cabeza. Me encanta escribir
poesías.

»Después, vuelvo y leo de nuevo lo que escribí, y eso me
ayuda a tener una perspectiva más clara de lo que estoy en-
frentando. También trato de escuchar música cristiana que me
tranquilice».

VIAJE A LAS TINIEBLAS

MI LUCHA CON UN TRASTORNO ALIMENTICIO

POR REBECCA RUNG

Lo que comenzó como un intento por bajar unos kilos se transformó de repente en una pesadilla que casi me quita la vida.

Tac, tac.

Tac, tac.

El corazón me latía con lentitud mientras las lágrimas me bañaban el rostro. Contaba en silencio en mi cama, mirando la manecilla de los segundos que, casi a oscuras, recorrían la pantalla del viejo reloj. *Tac. Uno. Tac. Dos. Tac. Tres.* Cuarenta latidos en sesenta segundos. Tenía que enfrentar la realidad: me estaba matando a mí misma y no sabía cómo parar.

«Jesús», rogué. «¡Sálvame!»

Poco a poco, mis pensamientos se volvieron de los decrecientes latidos de mi corazón a los borrosos recuerdos de los últimos nueve meses, un período que transformaría para siempre mi vida.

DEBERÍA HABER SIDO UNA AVENTURA

«Adiós, mami, adiós papi», les dije con ojos llorosos. Los abracé a los dos. «Saben que los quiero».

Era septiembre de 2005, y estaba saliendo de casa rumbo a mi primer período en una universidad cristiana ocho horas al norte de casa. Me era extraño estar diciéndoles adiós. Mi familia y yo siempre habíamos dado por sentado que como yo era la niña consentida del clan, siempre estaría cerca de casa y asistiría a una universidad cercana. No obstante, sentí que Dios me llamaba al norte a estudiar en una universidad cristiana y, como consecuencia, debía darle un adiós temporal a mi familia. Sabía que sería una dura transición, pero pronto descubriría con exactitud su dureza.

Mis catorce compañeras de cuarto parecían bastante buenas al principio. Traté de ser sociable, algo que no es muy natural en mí, pero después de la semana de orientación y cuando comenzaron las clases, me vi en un muy trillado nicho de impopularidad. Traté de llenar el hueco con altas calificaciones, pero extrañaba muchísimo a mi familia y los llamaba por lo menos cada dos días y les enviaba tantos correos electrónicos como me era posible. Ante los demás ponía siempre una cara alegre. Les decía a mi familia y a mis amigos que me gustaba la escuela y que me iba bien. En cambio, no era cierto.

Aparte de los problemas sociales, luchaba con el problema que llaman «los siete kilos del primer año». Me aterrorizaba ganar peso. Había crecido con una madre más que conservadora en cuanto a la nutrición, y yo sentía que no tenía excusa si no evitaba los kilos extras.

Comer en la cafetería era una lucha. Todo lo que ofrecían parecía recargado de grasa y calorías. Suspiraba por vegetales frescos, pero raras veces los ofrecían. Mi punto de ruptura llegó en octubre cuando me pesé y vi que había aumentado medio kilo. Juré que no iba a subir de peso, costara lo que costara.

Y me aferré a ese juramento. Comencé a observar el contenido de calorías en todo lo que comía y a ponerme un límite mental de calorías que poco a poco iba bajando. Como dos veces a la semana me descontrolaba y comía todo lo que me viniera a la mano, pero después me castigaba no dejando que nada tocara mis labios sino té y refresco de dieta. Todas las mañanas me levantaba a las seis y veinte para poder correr antes de que comenzaran las clases a las ocho. Me encantaba la sensación de dominio propio que me daba correr hasta que pensaba que me iba a desplomar, y entonces comía unos trozos de melón como desayuno. Me gustaba servirme una ensalada mientras mi compañera de cuarto se tragaba una pasta Alfredo, y me daba yo misma una palmadita en la espalda por mi dominio propio. Sin embargo, lo que más me gustaba era ver cómo bajaba el número de la pesa. Bajé casi nueve kilos ese año.

SE DESCUBRE EL SECRETO

Las vacaciones de verano se acercaban, y mamá me recogió en la universidad y fuimos a casa. Me sentía feliz de volver a estar con mi familia, pero mi rutina normal había cambiado de forma drástica de cuando vivía allí. Ahora, mi normalidad era la que tuve en mi primer año en la universidad.

De veras que en lo único que pensaba era en la comida, pero yo nunca me permitía comer las cosas con las que fantaseaba. Los atracones cesaron casi por completo, pues cada vez disminuía la cantidad que yo misma me permitía comer. Mamá no tardó en notar que algo estaba sucediendo y tuve que decirle que no estaba menstruando. Me llevó a rastras para ver un médico, quien de inmediato diagnosticó que tenía anorexia nerviosa y que me iba a hacer una cita con un terapeuta y un especialista en dietética.

Desde allí mi vida fue cuesta abajo. Ahora no solo tendría que lidiar con la ansiedad que me entraba al comer, sino también con el hecho de que mis padres no me quitaban los ojos de encima, y que revisaban todo lo que me llevaba a la boca. La presión combinada de tratar de calmar a la vez mi trastorno alimenticio y a mis padres me era insoportable. Sucumbí a la depresión y al agotamiento, que casi no me permitían hacer nada excepto estar horas en el sofá, a veces llorando, solo con la vista fija en la pared.

RECONOCIMIENTO DE LA VERDAD

Ya en agosto había tocado fondo. El cambio me llegó mientras leía *Cristianismo... ¡y nada más!*, de C. S. Lewis. Lewis escribió que «mientras más saquemos del camino lo que ahora llamamos "nosotros" y dejemos que Él asuma el control, más nos convertimos en nosotros mismos».

Cerré el libro, con la mente acelerada por profundos pensamientos. Si eso era cierto, necesitaba renunciar a las muletas de mi trastorno alimenticio y dejar que Dios llenara el hueco que quedara.

Entonces, ¿estaba yo lista?

¿Qué podría hacer sin ellas?

¿Quién sería yo con otros nueve kilos de peso?

Aunque los pensamientos me asustaban, comprendía que no tenía nada que perder. Por causa de mi trastorno alimenticio, había perdido contacto con la mayoría de mis amigas y casi había destruido mis relaciones familiares. Físicamente estaba arruinada. Le dije a mamá que estaba lista a ceder y me fui a la cama todavía reflexionando en las palabras de C. S. Lewis.

Tac, tac.

Tac, tac.

Tac, tac.

Jesús, ya no puedo más. ¡No puedo! ¡Voy a morir!

¡Soy demasiado joven! ¡Ayúdame!

Caí en un sueño inquieto, feliz de olvidar mis problemas, aun por un corto tiempo.

VIAJE A LAS TINIEBLAS

¿Y AHORA QUÉ?

Después que por fin reconociera que necesitaba ayuda, comencé a buscar alternativas a la hospitalización, algo que la doctora había sugerido. Yo lo había rechazado de plano, y había salido de su oficina con un histérico ataque de gritos y llanto.

Recordé haber visto hacía mucho tiempo un anuncio en la revista *Brío* de un centro cristiano de tratamiento de trastornos alimenticios llamado «Remuda Ranch». Los busqué y hallé lo que andaba buscando: un antiguo rancho para vacacionistas convertido en un centro de tratamiento para muchachas con anorexia o bulimia. Bastaba una entrevista telefónica para que me aceptaran.

Resignada a mi suerte, les di a mis padres la dirección electrónica y les dije que Remuda era el único centro de tratamiento al que iría. Cuando desperté a la mañana siguiente, escuché a mi madre interrogando por teléfono a un representante de Remuda acerca de las instalaciones, los costos, los programas, etc.

El representante debe haberle dicho algo bueno porque mis padres quedaron convencidos. Concertaron una entrevista telefónica para el miércoles siguiente, entrevista que consistió en cuarenta y cinco minutos de sólidas preguntas sobre mi pasado y mi presente. Al terminar las preguntas, le pregunté a esa persona si me aceptarían. Cuando me respondió que era probable que sí, empecé a llorar. De veras que estaba dispuesta a dejar mi problema alimenticio y a seguir adelante con mi vida.

Me aceptaron e ingresaría en una semana. Me pasé los siguientes días empacando y diciendo adiós. Ni siquiera lloré cuando abracé a mamá y subí al avión, lo que dice mucho de lo devastadora que mi forma de comer había sido en cuanto a nuestras relaciones. Iba a volar a Arizona y a una mejor vida.

En lo más hondo, me sentía aliviada por completo debido a que no me iban a dejar determinar ni restringir los alimentos que ingiriera. Le tenía también bastante miedo a eso, pero ya era demasiado tarde para volver atrás.

LA RECUPERACIÓN DE LA SALUD EXIGE VALOR

En la puerta me recibió un representante que me llevó de inmediato al rancho donde permanecería cuarenta y cinco días. Mi primera impresión no fue positiva. El lugar parecía una casa... con demasiadas personas.

Las muchachas se sentaban en sofás, en el piso y dondequiera que hallaran un lugar para colorear, jugar cartas, dormir o escribir cartas. A pesar de eso, eran agradables, y todas me recibieron con sonrisas sinceras y me aseguraron que aunque los primeros dos días eran duros, después mejoraban.

¡Pronto descubrí que tenían razón respecto a que los primeros días eran duros! Llegué en una ola de nuevas admisiones, lo que tenía al personal yendo de un lado a otro como locos. Lo primero que hice cuando llegué fue sentarme en el sofá por media hora a la espera de que alguien me dijera lo que tenía que hacer.

Por fin la enfermera llegó y tuve que ponerme una bata de hospital. Me pesaron y examinaron, y luego era hora de almorzar. En casa, no tenía la costumbre de almorzar, y si lo hacía, comía algunos vegetales y yogur sin grasa, pero ahora tuve que volver a comer pavo frío.

Me llevaron a una mesa con otras cinco muchachas y un miembro del personal, y todas me prodigaron una tranquilizadora sonrisa. Me sirvieron un sándwich de ensalada de pavo y una manzana, lo cual era aterrador para alguien que le tenía miedo a todo lo que fuera grasa en cualquiera de sus tipos y formas. No sé cómo me las arreglé para tragarme aquello, pero lo hice. Sentí después que no quería volver a comer jamás, pero comí otra vez en la cena esa noche. Y sí, me fue tan difícil como en el almuerzo.

Esa noche me condujeron a mi cuarto, donde dos miembros del personal me revisaron el equipaje por si acaso trataba de introducir de contrabando algo para practicar mi trastorno. Al clavar las fotos de mis padres en el tablero de anuncios, las lágrimas me bañaban el rostro.

¿Qué estoy haciendo aquí? No puedo hacer esto. Nunca he podido hacer amistades, ¿cómo voy a poder hacerlas aquí? ¿Cómo podré sobrevivir en estos cuarenta y cinco días?

Dormí solo a ratos esa noche y desperté con temor al desayuno... pero sobreviví. Ese día conocí a mi terapeuta, Shelly, y a mi dietista, Amanda, que fueron muy comprensivas. Amanda parecía conocer el origen de mi problema, y me brindó comprensión y palabras de aliento, pero cuando habló de aumentar de peso, temblé. Casi no podía resistir una comida normal. ¿Cómo iba a comer aquella y además beberme un suplemento vitamínico? ¿Tendrían que alimentarme con un tubo por la nariz como le hacían a varias de las demás muchachas?

Los pensamientos seguían revoloteando en mi cabeza mientras me dirigía a la oficina de psicología en un carrito de golf conducido por un miembro del personal. No podía ir caminando hasta que lo autorizara un médico.

La psicóloga fue maravillosamente comprensiva al preguntarme por qué estaba allí, la historia de mi trastorno y otras preguntas pertinentes. A mitad de la entrevista rompí a llorar, mientras explicaba entre sollozos que le echaba muchísimo menos a mi casa y que pensaba que no podría beber un suplemento vitamínico y ganar peso.

SURGEN LAS AMISTADES

Cuando regresé a la casa todavía sollozaba hasta que una de las muchachas se me acercó y oró por mí. Casi todas esas muchachas habían tenido su trastorno mucho más tiempo que yo, y parecían estar venciendo en cuanto a comidas, meriendas y las latas de suplementos prescritos.

Las muchachas tuvieron también razón al decir que todo iba a mejorar. No solo me las arreglé para comer tres meriendas al día, sino que también pude ir tomando tres latas de suplemento al día. Y comencé a conocer a otras muchachas que, me sorprendí al descubrirlo, sabían muy bien por lo que yo estaba pasando y lo que había hecho para ponerme así: las mentiras, los días de hambre tan severos que pensaba que me iba a desmayar y la poca esperanza de recuperarme.

Maureen, una mujer de treinta y siete años que llegó un día antes que yo, fue de veras muy comprensiva. Pronto nos hicimos amigas, unidas por un vínculo común de sufrimiento.

Sonja, una joven bulímica de Europa Oriental, también pasó a ser una de mis íntimas amigas. Amaba mucho al Señor y me exhortaba a nunca abandonar mi fe. Ella estaba firme en el Señor, aunque su problema era severo.

Las otras jóvenes fueron lo único que me ayudó a soportar el tratamiento. Tuve que aprender a sincerarme con ellas en reuniones de grupo, pero nunca sentí que me juzgaban. Empecé a aumentar de peso, algo que tuve que aprender cada mañana al tirarme de la cama para enfrentar el día.

No obstante, el mayor de los cambios fue que empecé a sentirme feliz... feliz como nunca me había sentido en la vida. Tenía amigas a las que les permitía ver las profundidades de mi alma, y de todas maneras me amaban. Sin duda, ¡Dios estaba en el «Remuda Ranch»!

COMIENZA EL TRABAJO

Desde el principio supe que habría una semana en el tratamiento dedicado a terapia de familia y a sanar las heridas que el trastorno alimenticio había producido en mi vida familiar. Llegó demasiado pronto.

Me pidieron que preparara una lista de ofensas, disculpas y afirmaciones positivas para cada uno de los miembros de mi familia que asistiría a la semana de la familia. Mi familia entera iba a asistir, así que hice cuatro listas. Una para cada miembro de mi familia.

La semana comenzó con conferencias y seminarios, todo se centró en presentar nuestras listas (llamadas «Verdad en amor») a nuestros familiares. Todas estábamos en extremo nerviosas, pero yo nunca había tenido una experiencia tan liberadora. Pudimos llorar juntos, perdonarnos unos a otros y comenzar de nuevo.

Al final de la semana, me dio tristeza ver que mi familia se marchaba, pero aun más triste cuando comprendí que solo faltaban dos semanas para irme del rancho para siempre.

RESTABLECIDA

Después de la semana con la familia, el tiempo voló. Por fin podía disfrutar, comer con normalidad, hablar con mis amigas, y asistir a reuniones de grupos y actividades. No había esperado pasar el mejor tiempo de mi vida en el tratamiento, pero eso mismo fue lo que sucedió. Con el transcurso de los días, me fui sintiendo cada vez más confiada en mi restablecimiento. Es más, estaba comenzando a sentirme invencible. Sin embargo, Dios no iba a permitirme que me sintiera satisfecha ya con mi restablecimiento.

Surgió un nuevo obstáculo: la confección de un menú para la casa. Por tonto que le parezca a un comensal normal, confeccionar un menú fue para mí una tortura. Por primera vez en cuarenta y cinco días, ¡se me estaba obligando a pasar de comer alimentos a comprar alimentos! La tarea de comprar alimentos y luego comerlos ya era lo máximo. Pasé toda una noche dándole vuelta en mi cabeza antes de romper a llorar después del desayuno al siguiente día.

Maureen me abrazó y me alentó, y lo mismo Sonja. Me sugirieron que averiguara sobre *Life* [Vida], un programa sobre la vida en la transición. Hasta ese momento, para disgusto de mi terapeuta, no había pensado quedarme en *Life*, pero este incidente bastó para convencerme de lo que tenía que hacer.

Me aterrorizaba pensar que tendría que volver a entablar amistades y, claro, volver a hacer menús, pero sabía que ese era el plan de Dios. Y lo bueno fue que le llegó dinero a Sonja para que estuviera conmigo en *Life*.

CAMBIOS

De veras que me dolía mucho decirle adiós a Maureen, a mi terapeuta, a mi dietista, a Joker (mi caballo) y a otros. Mi grupo de apoyo ofreció una linda despedida en la que hicieron circular una bella piedra y la ofreció como aliento. El que se quedara con la piedra tendría la oportunidad de expresar sus pensamientos. La piedra cayó en mi regazo. Por supuesto, lloré.

Y esas lágrimas eran de temor de no volver a ver a esas maravillosas amigas. Pensaba que no podría soportarlo. Salí del rancho hacia *Life*, que estaba como a dos horas al sur, tratando con todas mis fuerzas de ser optimista en cuanto a mi futuro.

A pesar de la amargura de ese día, lo mejor habría de llegar, aunque no de inmediato. Mi llegada a *Life* fue horrorosa. Me hallé (de nuevo) con pocas amigas y sin saber lo que estaba pasando ni lo que iba hacer. Aun así, había muchísima más libertad en el callejón sin salida de unas ocho casas repletas de jóvenes como yo que estaban tratando de comenzar una nueva vida.

Con todo, seguía doliéndome mucho dejar a mis amigas, a mi terapeuta y a mi dietista. Me aferré a la promesa de que Sonja se me uniría esa misma semana, lo que terminó siendo un momento decisivo en mi vida. Salíamos de compras las dos, jugábamos, íbamos a las reuniones de grupo, salíamos a caminar y nos juntábamos con otras amigas. Hasta fui al zoológico con una de las amigas que conocí en *Life*.

Mi recuperación iba tan bien que en dos semanas la terapeuta sugirió que me trasladara a un apartamento independiente, donde no tendría que darle cuentas a nadie. Aunque me sentía triste y nerviosa por dejar a esas muchachas, me fue gustando mi apartamento y fui encariñándome con las otras muchachas que vivían conmigo. Tengo que reconocer que ir al mercado y planear los menús fue algo intimidante al principio, pero pronto se me hizo tan natural como ya lo era el comer.

TRANSICIÓN

El día en que debía irme, pase horas llorando. El futuro no me parecía muy claro. Iba a regresar a casa para tratar de entablar amistad con personas que no tuvieran trastornos alimenticios y a aprender a confiar en Dios en todo. Les di un adiós histérico a Sonja y las demás, y oré al tomar el avión.

Dios querido, sé que tienes maravillosos planes para mí. Te ruego que pongas esa esperanza en mí. Ayúdame a aprender a amar lo que soy y a presentarme ante ti y los demás sin temor al rechazo. Amén.

Cuando el avión se deslizaba por la pista, sentí que Dios estaba conmigo. Él es el Alfa y la Omega, y estará conmigo en la recuperación.

Becky todavía está atendiéndose con un terapeuta y un dietista, y estudia en la Universidad Estatal de Oregón en la especialidad de Psicología. Su meta es regresar algún día a «Remuda Ranch» para aconsejar a jóvenes que luchan con trastornos alimenticios.

Para más información sobre «Remuda Ranch», visita
www.remudaranch.com
o llama al 1-800-445-1900 [en Estados Unidos].

Acerca de las Autoras

SUSIE SHELLENBERGER

Fue fundadora y editora de la revista *Brio* de Enfoque a la Familia para adolescentes y siguió siendo su editora por casi dos décadas. Susie, exmaestra de bachillerato y pastora de jóvenes, ha escrito más de quince libros, es una muy solicitada conferenciante y ha viajado a todos los continentes del mundo. En 2009, comenzó otra revista para adolescentes que ahora se llama *Sisterhood*, la que continúa dirigiendo. Vive en Bethany, Oklahoma, y viaja cuarenta y cinco semanas o fines de semanas del año ofreciendo conferencias a diferentes audiencias.

KATHY GOWLER

Ha aconsejado en persona a cientos de chicas y también a través de su trabajo con la revista *Brio* de Enfoque a la Familia. Kathy y su esposo, Jeff, tienen dos hijos adultos y cinco nietos, y viven en Colorado Springs, Colorado.

Notas